Torrentera
L'homme qui mourut deux fois

Patrick Cauvin

Torrentera
L'homme qui mourut deux fois

Albin Michel

© Éditions Albin Michel S.A., 2000
22, rue Huyghens, 75014 Paris

www.albin-michel.fr

ISBN 2-226-11527-7

Aux effacés...

« Et quelque part, absolument anonymes, il y avait les cerveaux directeurs qui coordonnaient tous les efforts et établissaient la ligne politique qui exigeait que tel fragment du passé fût préservé, tel autre falsifié, tel autre encore anéanti. »

George ORWELL, *1984.*

Aveut de l'auteur

Je n'ai jamais eu la moindre envie d'écrire une biographie. Difficile d'expliquer pourquoi.

Ayant choisi depuis toujours la fiction, le récit, l'analyse et la reconstitution d'une vie déjà accomplie m'ont le plus souvent paru un travail de reproduction forcément limitatif, donc insatisfaisant. Où se trouvait la part imaginative, l'idéal devant être qu'elle soit réduite à néant... Un bon biographe ajuste les morceaux d'un puzzle qui doivent s'encastrer de façon aussi parfaite que possible. Tout juste s'il peut se permettre une invention passagère pour lier deux événements lorsque aucune réalité connue ne les emboîte.

Quand je lis ces vies reconstituées, je suis toujours fasciné par les formules du style : « Pendant trois années on perd sa trace, et nous retrouvons notre personnage à la cour de Mantoue où il occupe les fonctions de... »

« Trois années », que s'est-il passé ? On devine des recherches inabouties, des lectures de documents, tout un travail de détective lancé sur les traces d'une existence dont les trous ne peuvent être comblés... La biographie est la science de l'entre-temps. Le monde du savoir exclut l'invention, écarte l'hypothèse ou bien, s'il a recours à elle, ce doit être en désespoir de cause : « On peut penser que ces années furent studieuses, étant donné les mœurs du temps, l'appartenance sociale et les goûts de... »

Qu'est-ce que « des années studieuses » ? Où sont, dans ce raccourci, les larmes, les rires, les échecs, les bonheurs, les amours... bref, la vie ?

Il m'est arrivé parfois de trouver exaspérantes la précision des faits, la logique des causalités. Pourquoi ces années furent-elles studieuses ? Est-ce si sûr ? Et si le personnage en question n'avait pas arrêté de faire le pitre ? de paresser en profitant des soleils de Toscane ou d'ailleurs et des nuits étoilées ? Que pensait-il en regardant la Grande Ourse ?

Il me semble que les bonnes biographies sont celles qui laissent leur part à l'aléatoire, au hasard, où le personnage apparaît comme échappant à une chaîne déterministe, flottant un peu dans son époque comme nous tous.

En fait, et pour simplifier, je préfère savoir quel air sifflotait Michel-Ange en tapant sur son burin plutôt qu'apprendre qu'il travaillait pour honorer une commande passée par Jules II.

Toute entreprise de reconstruction d'une vie est vouée à l'insatisfaction et au parcellaire. On ne vit pas la vie d'un autre, la biographie est de l'ordre de la connaissance, ce qui est beaucoup mais pas assez : curieux d'ailleurs que le terme de satisfaction contienne deux sens assez antinomiques.

Je suis satisfait : je suis content. Je me satisfais de : je m'en contente. Content de se contenter de... Le biographe se contente de... Plaisir d'érudition, plaisir de recherche, le biographe bâtit ses frontières, une belle entreprise de traque du réel, tout cela n'était pas pour moi. Et puis tout a basculé en cet été 1998 où j'entame ce livre sur la vie de Torrentera.

Pourquoi ?

En raison du désir aigu de plonger dans un destin, l'un des plus étranges, d'autant qu'il repose sur le phénomène le plus fascinant qui soit, celui de la disparition, de l'effacement programmé.

Je m'explique : il y a quelques décennies, le monde découvrait avec stupeur la falsification photographique utilisée par le régime stalinien. Le cliché représente un 1er Mai sur la place Rouge, les dignitaires du Parti sont là, saluant troupes et peuple. Même image quelques mois plus tard : l'un d'eux manque. Quelques mois encore et ils seront deux à avoir disparu, effacés par l'Histoire. Derrière le maître de l'URSS, le vide se fait peu à peu, les hommes se gomment au rythme accéléré des suspicions, des procès, des meurtres, des condamnations... Une sorte d'assassinat existentiel rétroactif. Le monde russe devient à cette époque une entreprise d'humaine désertification : il faut prouver que celui qui était là n'y était pas, que celui qui fut ne fut pas, supprimer les traces, abolir l'être, refaire à l'envers le monde en négatif.

Curieusement, l'historien ne s'est jamais trop posé la question de savoir si les siècles plus anciens n'avaient pas utilisé le même procédé, si, par des destructions d'archives, des retouches picturales, d'autres acteurs de l'Histoire n'avaient pas subi le même destin, si, volontairement, pour des raisons politiques, par caprice ou vengeance d'un grand de ce monde, des individus jugés gênants n'avaient pas, eux aussi, été rayés de la mémoire des hommes, victimes du plus parfait des assassinats, celui qui consiste à refermer sur eux la tombe de l'oubli orchestré.

Par un concours de circonstances dû essentiellement au hasard, et sur lequel je reviendrai plus loin, il est possible d'affirmer aujourd'hui, et sans risque d'erreur, que tel fut le cas pour un personnage aussi étrange que fracassant : Francisco Torrentera, trublion et génie multiforme dont la vie météorique se termine en 1662, à l'âge de trente-deux ans, sous les coups de trois spadassins d'origine napolitaine dans un faubourg de Madrid, assassinat commandité par Alexandre VII, prompt à obéir aux désirs de Marie-Anne d'Autriche dont Francisco avait séduit une nièce bâtarde, Maria Isabel.

Cela, c'est la thèse la plus répandue, on sait que ce n'est pas nécessairement la plus exacte. Il existe d'autres hypothèses, on a avancé le nom de Marie Mancini et de quelques autres dames de haut lignage... La route demeure ouverte aux chercheurs, et je ne possède, au moment où j'écris ces lignes, ni les moyens ni les documents permettant de trancher. Une des pages du journal de Torrentera indique, avec une quasi-certitude, le rôle du pape dans l'attentat qui mettra fin aux jours de l'aventurier. Reste la lettre reproduite ici même, à la fin de ce livre, découverte dans les archives du couvent de Las Huelgas à Burgos. Elle ne porte aucun sceau nous autorisant à penser qu'elle fut écrite par le souverain pontife. On n'y découvre nulle signature, on peut simplement identifier le monogramme F. C.

Or il se trouve qu'Alexandre VII s'appelait en fait Fabio Chigi. Il appartient à chacun de se demander s'il s'agit là d'une preuve suffisante, voire d'une preuve tout court...

Scandaleuse et courte vie pour celui qui fut l'un des plus grands bretteurs de son temps (plus de cinquante duels), séducteur spécialiste des dames de cour : ses carnets dénombrent, jusqu'en octobre 1659, cent vingt-trois conquêtes. Philosophe iconoclaste, il fut un des seuls hommes à avoir été chassé pour blasphème de Montserrat et, sans doute, l'un des plus grands musiciens de son temps : compositeur en vogue de musiques pour tournois, madrigaux à cinq voix, villanelles et canzonettas, il suffit d'entendre le *Tantum ergo* pour comprendre que, plus que Monteverdi dont il est le contemporain, il méritait ce titre de « Prophète de la musique » et qu'il est le véritable créateur de la rythmique moderne. Ajoutons à cela la rédaction de la première grammaire espagnole et plus de cinquante tableaux, dessins à la pointe sèche de facture vénitienne qui dénotent une liberté de trait stupéfiante. Le peu d'œuvres retrouvées indique un éloignement de plus en plus total de l'initiation aux techniques de Vélasquez dont il fut l'élève le plus attentif, mais aussi le plus turbulent.

Exécutant hors pair, on le découvre en 1660 organiste à la cathédrale de Cancún ; et c'est dans ce Mexique qu'il a aimé qu'il fomente en 1657 une révolte d'Indiens dont il rassemblera quelques tribus de l'actuelle province de Chihuahua pour la reconquête de leurs terres spoliées... Torrentera, l'anticonquistador, chargera à la tête de ses troupes à la bataille de Mazatlán, la défaite et une blessure l'obligeront à s'embarquer à Manzanillo, au sud du golfe de Californie, pour la Vieille-Castille, un voyage de plus de quatre mois durant lequel la quasi-totalité de l'équipage périra du scorbut.

C'est la même année que son manoir natal situé à quarante-cinq kilomètres à l'est de Lérida est brûlé. Il ne subsistera que des cendres de presque toute l'œuvre écrite, musicale et picturale. La destruction systématique est commencée, celle de l'homme va suivre. Dans les fragments qui restent de ses carnets, on constate que Francisco n'a pas une plainte lorsqu'il contemple du haut des collines catalanes les ruines de son domaine. Simplement, et à trois reprises, il mentionnera que les flammes n'ont pas épargné un ouvrage qu'il avait eu la précaution de ne pas publier : il comprenait quatre volumes et s'intitulait *Croix sans Christ*. Il semble avoir voulu définir là le monde comme absence absolue de Dieu. Il sait alors que sa vie est menacée car, sans raison valable et sous des prétextes futiles, il se battra en duel trois fois consécutives contre des adversaires confirmés. Torrentera en tuera deux et blessera le troisième. Ce dernier s'était présenté comme étant de noblesse aragonaise mais s'appelait Ernesto Ferrante, l'une des plus fines lames qui se puissent recruter parmi les tueurs à gages. Il semble – sur ce point Torrentera n'est pas très précis – que Ferrante soit resté avec lui en qualité de valet, garde du corps, et cela jusqu'à sa mort.

Il effectuera un ultime voyage, en France cette fois, où il confiera au comte de D., un ami de son père, la presque totalité des documents qui nous sont parvenus aujourd'hui, après être restés cachés plus de trois siècles dans le souterrain muré d'une gentilhommière des bords de Loire, et dont les propriétaires actuels m'ont fait promettre de ne pas révéler le lieu.

Malgré les efforts d'une papauté et d'une royauté alors toutes-puissantes, il suffit parfois, trois cents ans plus tard, d'un simple coup de pioche au pied d'une échauguette pour que renaisse une figure éclatante, celle d'un rebelle, d'un homme d'aventure, de clarté et de raison, et que le monde apprenne qu'un homme est passé, fou de liberté, amant, artiste, chef de guerre, philosophe. Francisco Torrentera est de nouveau parmi nous, ressuscité.

L es pages qui vont suivre sont extraites du journal de Torrentera. Elles sont datées, à quelques exceptions près. Deux voies s'offraient à moi.

La première consistait, en s'accrochant aux détails cités, à reconstituer le périple, retrouver les lieux, les êtres mentionnés dans ces pages. C'était un travail de recherche, il eût fallu être historien, spécialiste de l'Espagne de ce milieu du XVIIe siècle. Je ne le suis pas.

Qui est cet Ottavio dont Torrentera cite la présence en cette journée de février 1658, et avec lequel il échange des propos qui sentent si fort le soufre qu'ils apparaissent à peine pensables dans le monde catholique figé de cet univers sortant à peine du carcan de l'Inquisition ?

Il s'agit peut-être d'Ottavio Mortiz d'Aluña, père supérieur du couvent de Tarragone où Torrentera aurait pu faire retraite et avec lequel il semble avoir entretenu des rapports d'amitié, mais rien n'est sûr : notre personnage voyage sans cesse, s'il date le plus souvent ses écrits, il ne mentionne jamais les lieux dans lesquels il se trouve ou, s'il les cite, ce n'est que pur hasard.

Des documents permettent, de manière imprécise, de le situer dans le Léon, à Murcie quelques mois, on le retrouve en Andalousie où il est en partance pour le Portugal.

De même, les noms cités par Torrentera dans ses écrits ne peuvent en aucun cas nous éclairer : lorsqu'il parle de ses maîtresses, il les nomme par leur prénom. Qui est Pilar et qui est son père, qui semble avoir été un compagnon d'armes ou de fuite ? Qui est Dolorès ? Nul ne le saura.

Parfois Torrentera opère différemment et emploie de faux noms, brouillant ainsi les pistes : doña Montoro est peut-être un pseudonyme pour désigner une femme de la noblesse habitant à, ou aux environs de, Montoro. Ces précautions indiquent évidemment que Torrentera craignait les indiscrétions et que ses carnets ne tombassent entre les mains de ses ennemis. A plusieurs reprises, il fera part du danger qui le menace, sans en donner véritablement la raison, mais il transparaît nettement qu'il s'agit d'un danger de mort.

Qui est ce Roncado qui l'emmène au contact du nécromant ? Qui est Salvino, le prêtre qui connaît la langue des Indiens ? Nous l'ignorerons sans doute toujours.

Il faut signaler que tout ce qui a trait à la Nouvelle-Espagne restera à jamais inconnu : lorsque Torrentera pénètre sur ces terres, la Conquête est finie ; au temps de l'aventure et de la destruction des vieux empires aztèques, succède le temps des missions : les marchands s'installent, se répartissent les terres, le commerce s'amplifie. A la période héroïque, si tant est qu'elle le fut, succède le temps du profit, une période que les historiens négligeront, période peu glorieuse, marquée sporadiquement par des révoltes indigènes réprimées dans le sang. La tentative de soulèvement des tribus que fomente Torrentera n'a laissé aucune trace, de même que la mort de quatorze soldats de la garnison de Durango reste ignorée : on peut penser que ces incidents furent nombreux et que les ordres de la Couronne étaient de ne pas les mentionner, afin de ne pas effrayer les investisseurs attirés par les ressources minières.

Je n'ai donc pas cherché à éclaircir le détail, ce qui

m'aurait conduit, à chaque page, à me livrer à une sorte d'explication de texte, j'ai préféré confier au lecteur la totalité de ces pages pour qu'au long de sa lecture se dégage peu à peu une silhouette, une image, celle de Torrentera.

Quelle est-elle ?

Il me semble qu'avant toute chose elle apparaît, même imprécise, comme nimbée d'un halo de liberté.

C'est un homme libre qui se détache peu à peu, et s'avance vers nous. Libre dans ses mœurs, dans ses croyances comme dans ses idées.

Dans un siècle où les pratiques magiques ou para-religieuses abondent sous une multitude de formes, il reste péremptoirement rationaliste, d'un rationalisme qui le conduit à l'athéisme avec une rigueur exemplaire. Homme de bon sens et de réflexion, il réfute avec une certaine allégresse les pseudo-preuves de l'existence de Dieu qui lui sont avancées... Il y a dans ces pages, pour courtes qu'elles soient, une clarté joyeuse : il est celui à qui on ne la fait pas et, en ce sens, il préfigure les grands héros blasphémateurs qui, de Casanova à Sade, laisseront une trace brûlante et régénératrice dans les sentiers de l'Histoire...

Courageux, libertin, quelques lignes marquées de passion révèlent l'homme de sensualité qui a tenté, sans doute sans succès, de faire du corps de la femme le but de toute vie. Une souffrance éclate parfois : il s'est senti taillé pour un grand destin, il a compris que sans pactiser, sans « consensus », dirait-on aujourd'hui, il ne le réaliserait pas et se fermerait toutes les portes une à une avant d'y laisser sa vie : on n'étale pas impunément au grand jour son amour de la Vérité.

Impitoyable, lucide et sans illusions sur les relations humaines, son regard jeté sur l'humanité est celui d'un grand seigneur sans doute plus à l'aise avec les prostituées et les spadassins qu'avec ceux qui, par le sang, étaient ses égaux.

C'est l'un des aspects de sa personnalité qu'il semble avoir affectionné, un côté « canaille » qui surprend d'autant plus qu'il se définit aussi comme un homme de raison, un siècle plus tard on dira de « lumière ». Musicologue autant que musicien, grammairien (on notera la modernité de sa façon d'appréhender les rapports entre signifiant et signifié), aphoriste, dramaturge et poète, écoutons la voix iconoclaste de Torrentera s'élever à travers ces pages volées au temps et aux flammes.

Cependant, l'homme rationnel ne masque pas la réalité profonde de Torrentera. Il y a dans certaines phrases, au détour des périodes de son journal comme dans les quelques poèmes retrouvés, une émotion, un souffle bouleversé qui laisse deviner l'homme déchiré à la sensibilité éclatante. A maintes reprises, malgré lui, se fait jour son amour pour cette terre américaine dont il sera le perpétuel défenseur, l'éternel amant. Il a, sous ces cieux nouveaux, trouvé un continent à sa mesure, écrasant d'espaces, de formes et de couleurs dont il exaltera la luxuriance.

Le portrait qui, peu à peu, se forme à travers ces écrits, ne serait pas complet si l'on n'y distinguait les traits du combattant, du justicier, de celui qui a brandi l'épée en faveur des peuplades exterminées dont il a senti, en plus de la valeur humaine, la richesse de la civilisation.

On peut imaginer Torrentera gravissant les marches des pyramides enfouies au cœur des jungles et contemplant les bas-reliefs relatant la vie de dieux disparus... Ces dieux n'étaient pas les siens mais, contrairement à l'esprit de son temps, il en a ressenti la richesse et en a accepté l'existence.

Rien n'est plus étonnamment moderne que cet

homme, au cœur du XVIIe siècle, renvoyant sur un pied d'égalité le panthéon aztèque et la trinité chrétienne, le prêtre sacrificateur et le moine offrant l'hostie : deux croyances participant de la même folie.

Journal

Juillet 1650
Philippe est le plus fou de nous tous.

Il s'est fait verser de la cire tiède dans le conduit de chaque oreille, et lorsqu'il fut devenu totalement sourd, nous l'avons, sur sa demande, attaché par des cordes au bourdon de la cathédrale.

Burgos s'est réveillé en plein milieu de la nuit sous des volées de tocsin. Du haut des tours, nous pouvions voir les lanternes s'allumer aux fenêtres tandis que, emporté par le balancement du bronze, son cavalier hurlait de frayeur et de rire mêlés.

Le Roi.

Je l'ai regardé longuement, cet homme pouvait chevaucher le monde et il jouait comme un enfant à réveiller les bourgeois de la ville...

Ce spectacle de soir de beuverie m'a touché plus qu'il n'aurait dû, pour une raison que j'ignore... il y avait là comme une manifestation de la réalité. Enfant, je l'avais vu en tenue d'apparat à cheval sur une pièce de bois, dans l'atelier de Vélasquez ; il y avait dans ce spectacle quelque chose de saugrenu qui n'avait pas échappé à mon regard de jeune vaurien. Cet homme cuirassé, botté, portant tous les insignes de sa charge et brandissant un bâton de commandement, se tenait à califourchon sur un billot de bois, un empereur sur une barrique... Et voici que, ce soir, il chevauchait une cloche !

Faudrait-il des hommes exceptionnels pour diriger les peuples ? Celui-ci boit comme un trou et court les filles, cela arrange la bande de joyeux drilles qui l'escortent dès la tombée de la nuit, mais où en sont les affaires du Royaume ? Il s'est débarrassé d'Olivares et l'espoir a jailli dans mon cœur. Je m'en souviens encore, je n'avais que treize ans mais j'ai cru soudain à l'avenir de cette terre qui m'a vu naître : l'homme qui, depuis plus de vingt ans, entraînait le pays dans le gouffre était écarté du pouvoir... bénie soit la Reine qui l'a tant haï. Philippe a alors redressé la tête, trop de guerres, de défaites, de pays perdus depuis 1636... mon enfance, ma jeunesse ont été meublées de récits de combats, mais où étaient les victoires, et le Portugal, et la Catalogne ?

Je sais à présent, pour avoir tant ripaillé en sa compagnie, que le pouvoir n'intéresse pas Philippe IV, il aime le plaisir et Dieu. Sa vie se déplace entre les bordels des faubourgs et les murs de l'Escurial. Il est un homme déchiré... Laquelle de ses passions l'emportera ? Qu'il meure de la vérole ou foudroyé par le doigt divin, nul ne peut encore dire quelle sera sa fin.

Il s'est débarrassé de sa charge, depuis sept ans Méndez de Haro a remplacé Olivares, le duc de San Lucar. L'homme est un gratte-papier, sans génie ni folie, mais il faut lui rendre justice, il n'a pas l'arrogance de son prédécesseur, bien que grand chambellan, grand écuyer et chancelier des Indes par surcroît.

Mais rien n'a changé, Philippe est un sonneur de cloches bien davantage qu'un homme d'Etat. Etrange famille qui a toujours choisi un maître... Enrique m'a appris qu'il en était déjà ainsi avec son aïeul, Charles Quint, que le duc de Lerma faisait accourir d'un claquement de doigts... Qu'importe, j'ai vingt ans, nous les avons fêtés, et c'est la raison de notre démesure hier soir, mais nous en faut-il une ? Nous avons éventré quelques tonneaux de jerez, Enrique, ivre mort, n'a cessé de fondre en larmes en évoquant une fille qu'il a perdue à Valladolid. Carache voulait que nous regagnions Santander pour nous embarquer tous ensemble et humer sur les quais l'odeur du santal et des bois précieux déchargés des navires venant de Nouvelle-Espagne. Philippe, comme à l'accoutumée, a fini sur la paillasse des matrones. Que vive le Roi.

Mon cheval a retrouvé seul le chemin, il est resté immobile jusqu'au matin et j'ai dormi, le nez dans sa crinière, devant les grilles du parc sans tomber de selle.

Juillet 1651

Une femme dont je tairai le nom, tant je voudrais ne pas avoir à le connaître, m'a entraîné cette nuit dans les jardins de Grenade. Alors que je m'apprêtais à la faire chanter quelque peu entre ses draps de malines, elle n'a eu de cesse que nous quittions la chambre et, par mille détours et quelques escalades, que nous pénétrions dans la demeure des rois maures. Certes, l'air y est embaumé et la vision sans doute paradisiaque sous un croissant de lune, mais j'avais la tête et le bas-ventre ailleurs.

Il a donc fallu qu'elle s'installât à l'écart des jasmins sur une prairie en douce pente et je repris espoir. J'ai connu assez de donzelles pour savoir qu'elles portent au secret d'elles-mêmes de bien étranges envies et je pensais que celle-ci, délaissant les banalités d'une couche trop coutumière, désirait que nos ébats se déroulassent en plein air, et je me sentis prêt à satisfaire ce caprice avec grande volonté. Mais tel n'était pas le but qu'elle poursuivait et qu'elle m'invita vite à partager : elle désirait m'entretenir de la vision du dôme céleste, de son étendue et de son contenu dans sa totalité, lunes, étoiles, astéroïdes, Voie lactée et toutes sortes de planètes dont elle me déversa dans les oreilles un plein tombereau. Elle n'eut pas assez d'adjectifs pour me traduire les sentiments qu'elle éprouvait à ce spectacle grandiose, et j'eus droit à un véritable cours d'astronomie qu'Uranie elle-même n'eût pas renié. Je n'échappai pas au couplet sur l'immensité de la création et la petitesse de notre condition par rapport à la grandeur dévoilée du peuple de la nuit.

Or, je dois l'avouer, la contemplation des constellations ne m'a toujours produit, et cela depuis l'enfance, qu'un seul et immanquable effet : elle m'endort.

Je fixe désespérément les astres, je me vois galopant sur les espaces minéraux de quelque corps céleste, j'essaie d'imaginer quelle main a éparpillé dans le grand vide des ténèbres quelques comètes habitables ou non, je sens bien qu'il y a là un problème que ni Pythagore ni Copernic n'ont sans doute résolu, mais je peux me cravacher les flancs jusqu'à ce que ma cervelle éclate, il arrive toujours un moment où je me réveille avec le soleil que je n'ai pas vu revenir. Me manquerait-il un sens ?

Je suppose que, parmi les religieux qui pullulent autour de nous, il en est un bon nombre dont la foi provient de cette sensibilité qu'engendre chez la plupart la vue nocturne de l'univers.

Qui a fait cela ? Pourquoi ? Quel Créateur, quel Architecte a bâti cette délirante folie ? La réponse est déjà dans la question : Dieu, évidemment.

Je n'en suis pas si sûr. J'y vois plutôt un éparpillement chaotique, graines jetées à la volée pour quelque poule géante ou état de fait que le hasard seul a créé. Faut-il d'ailleurs penser à une création ? Toutes ces lunes et ces soleils ont été de tout temps sans mystère... Quel savant le démontrera, ruinant par là même l'idée d'une divinité bâtisseuse ? Pourquoi supposer qu'il y eut un temps où l'univers était vide ? L'idée même d'origine n'est-elle pas essentiellement humaine ? Nous ne savons pas penser autrement qu'en supposant qu'il y a en toute chose un début, un milieu et une fin... n'est-ce pas voir trop aisément le monde à notre image, nous qui naissons, vieillissons et mourrons ?

La belle continuait son babillage. Puis j'entendis,

alors que depuis beau temps je n'y prêtais plus grande attention, et même aucune attention du tout, les noms de Jupiter, de Galilée et celui d'Aristarque de Samos, ce qui acheva de m'assommer. Ma flamme avait évidemment fini par s'éteindre et je m'apprêtais à plonger dans le sommeil sous les étoiles surplombant les splendeurs de l'Alhambra lorsque je ne sais quelle mouche me piqua et, excédé par la pédanterie de ses commentaires, je prétendis tout à trac avoir fait à Salamanque des études fort approfondies d'astronomie et avoir observé plus qu'à mon tour le monde de l'infini.

Elle en fut si surprise qu'elle en devint coite, ce qui était déjà une belle victoire. Je continuai cependant et assurai, à la manière des savants en chaire, que des observations à la lunette réalisées par les plus grands astronomes d'Italie permettaient d'affirmer que tous ces corps lumineux se ruaient sur nous avec ensemble et grande vitesse, supérieure même à celle d'un carrosse à quatre chevaux. La dame en resta ébahie et me demanda à voix tremblante quand aurait lieu la rencontre. Je lui déclarai, devant quitter le pays andalou quatre jours plus tard, que les choses iraient bien jusqu'à la fin de la semaine, mais qu'il devenait urgent de profiter du temps restant.

Elle eut suffisamment d'esprit pour se mettre à rire, et chacun sait qu'une femme qui rit n'offre guère de résistance. Je pus donc parvenir à mes fins et lui fis oublier Mars, Mercure, Saturne et Ptolémée.

Octobre 1652

Un lien caché réunit-il toutes les étapes de notre destin ?

S'il en était ainsi, combien nombreux seraient les instants que nous vivons, gravés dans la tendre cire de notre cerveau où images et réflexions s'imprègnent avec une force que nous ne retrouverons plus jamais... Serais-je celui que je suis si je n'avais pas passé mes jeunes années en ce château de Catalogne, entre les chasses de mon père et les récits de nourrices ?

Je fus un enfant solitaire, il en découle que je ne découvris mes semblables que fort tard. Il me semble, si ma mémoire ne faillit pas, que j'ai cru longtemps être un personnage de taille réduite au milieu des géants qui m'entouraient. Comme j'en éprouvais du chagrin, on dut m'expliquer que le propre des humains était d'être d'abord petit, mais que cet état que je jugeais à tort définitif ne l'était pas. Je dus être fort rassuré de savoir qu'un jour je serais semblable aux autres.

Je ne jouais jamais.

Je fus un jour pourchassé par un cochon et j'en eus une grande frayeur. Le lendemain, par une meurtrière de la tour d'angle, je regardai l'animal qui me parut le roi de la cour où il effrayait volailles et chiens qu'il aimait poursuivre. Je méditai de lui expédier un trait d'arbalète mais celle-ci se trouvait hors de ma portée, accrochée au manteau de la cheminée dans la salle des gardes. Je finis par réussir, en m'aidant d'une petite échelle, à décrocher une lance longue de cinq fois ma hauteur.

J'arrivai à la traîner, malgré un poids qui rompait mes frêles épaules, dans l'escalier de pierre, le talon ferré de l'arme rebondissant à chaque marche, et je débouchai enfin dans la cour, déjà hors d'haleine. Devant moi, à quelques mètres, l'ennemi me présentait ses fesses roses et crottées et fouillait la mare de son groin, sous le regard effrayé des canards.

Trois servantes, alertées par le tintamarre que j'avais causé, accoururent en poussant des cris qui eurent pour effet d'attirer mon père qui me toisa de cet œil froid que je ne connaissais que trop bien. Il me demanda ce que je comptais faire, ainsi armé comme pour quelque tournoi... Je lui dis en balbutiant que j'allais tuer ce cochon qui en prenait à son aise avec les autres bêtes de la cour comme avec moi-même.

Il hocha la tête, recula d'un pas et me dit simplement ces deux mots qui résonnent encore à mes oreilles : « Tue-le. » J'en restai pétrifié, j'avais sottement espéré qu'il m'intimerait l'ordre de remonter et de ne m'occuper du verrat que lorsque ses jambons pendraient aux solives. Mais c'était mal le connaître et je me trouvais à maintenir avec peine le fût de frêne de quatre mètres et à tenter de relever le fer qui avait la forme d'une feuille de laurier. Pour une raison inconnue, ce détail est resté dans mon souvenir autant que les couleurs passées, disposées en spirale tout au long de la flèche et qui, je le sus plus tard, étaient celles du régiment de Catalogne dont l'auteur de mes jours avait pris le capitanat.

Je fis, ce jour-là, l'apprentissage de la peur : le monstre était plus grand que moi et je n'avais pas fini de me repentir de mon imprudence qu'il chargea droit. Ce qui me sauva fut le fait que je n'eus pas assez de force pour porter la lance à l'horizontale, le talon s'ancra dans la boue et maître cochon vint s'empaler de lui-même sur la pointe acérée. Le choc me souleva de terre mais je ne lâchai pas, je m'envolai avec grâce et je n'étais pas retombé sur le sol que l'adversaire s'enfuyait en couinant. Bien qu'éberlué d'une si rapide victoire, je n'en restai pas là puisque l'exigence paternelle était d'un autre ordre, je me mis à courir aussi vite que je le pus, traînant derrière moi l'arme toujours pointée, et tentai de larder le malheureux qui galopait autour de la cour, dans un envol de toute la basse-cour et les aboiements des chiens. Au bout de cinq minutes, je trébuchai de fatigue et m'effondrai dans une flaque de purin, fou de rage d'entendre rire les servantes. C'est à ce moment que mon père s'avança, sans crainte de crotter ses bas jusqu'aux genoux, et me tendit la main pour m'aider à me relever. Je crus qu'il allait me féliciter de mon courage, mais il me dit simplement : « Vous avez prononcé, monsieur, des paroles imprudentes. On ne dit jamais que l'on va tuer, on se tait et on tue. Vous serez fessé. »

Ainsi fut fait. J'avais cinq ans.

Une telle leçon ne s'oublie pas, je ne l'ai jamais oubliée.

Mais je me demande si, aujourd'hui, je serais exactement semblable à moi-même si l'une des filles présentes, la mère que je n'ai pas eue ou une sœur aînée, s'était précipitée vers moi, m'avait enveloppé de ses soins au travers desquels j'aurais pu entrevoir son amour. Serais-je un autre ? Très différent ? Plus timoré ? Plus brave ? Voilà une question à laquelle, à ma connaissance, nul encore ne peut répondre. Je sais simplement qu'elle existe et que nous ne sommes pas le pur produit de la nature qui nous fut donnée à la naissance. Les rares discussions que j'eus plus tard avec mon père à ce sujet furent loin de m'éclairer. Il croyait, peut-être avait-il raison, que rien ne vient modifier les éléments du caractère avec lequel nous venons au monde. Je lui rappelai alors l'incident que je viens de conter, et lui demandai pourquoi il m'avait puni ce jour-là puisque, suivant sa théorie, rien ne pouvait changer en moi. Il eût pu tout aussi bien mêler son rire à celui des femmes et m'embrasser sur les deux joues.

Je crus un instant avoir marqué un point lorsque, après réflexion, il déclara froidement : « C'est en obéissant à sa nature qu'un père accomplit son devoir. »

Cela termina l'entretien. Sa conception de l'éducation devait en valoir d'autres. Elle a eu au moins l'avantage de faire naître à son endroit un respect qui ne m'a jamais quitté, je l'ai haï parfois, il n'eut jamais envers moi un geste de tendresse, mais je l'ai admiré et cela seul, peut-être, a suffi à me faire suivre, cahin-caha, la route que je m'étais fixée.

J'imagine un petit garçon, mon fils, brandissant une lance trop lourde et s'effondrant dans le purin, la vue brouillée par les larmes. Que ferais-je ? Et ferais-je mieux que ne fit l'auteur de mes jours ?

14 mars 1654
Dans le quartier maure d'Utrera se cache un nécromant. Je m'y suis rendu à la nuit tombée. Tant de précautions ont été prises avant de m'introduire que j'ai cru sentir la flamme des bûchers de l'Inquisition frôler mon dos. Le souvenir reste vivace : plus de sorciers ou de faux sorciers ont été brûlés que la ville ne compte de pavés...

Je me suis suffisamment expliqué dans mon ouvrage sur l'absence de Dieu pour que l'on comprenne que je ne crois pas davantage à la présence du démon, mais toutes ces mômeries m'intéressent, et je me sens pris à leur endroit d'une curiosité intense et quasi dévorante que je ne m'explique pas moi-même.

La mansarde où je fus introduit ne présentait pas, comme si souvent chez les gens faisant commerce de diableries, le décor habituel, propice à faire naître la terreur dans le cœur du visiteur. Pas de chandelles de cire noire, pas de statuettes d'envoûtement, pas de fioles d'élixir ni de mortiers... L'homme lui-même qui se trouvait devant moi ressemblait plus à un aubergiste qu'à l'un de ces personnages se targuant de pouvoir pousser la lourde porte qui ouvre le domaine des morts. Ses yeux souriaient autant que sa bouche, nous nous sommes observés quelque temps en silence, et il m'a semblé que cette absence de mise en scène était une forme supérieure d'habileté. Après lui avoir versé la somme convenue que Roncado avait négociée pour moi, il m'a demandé avec qui je voulais entrer en contact. Si étrange que cela puisse paraître, je ne m'étais pas préparé à la question, j'ai répondu que je voulais entendre ma mère. L'homme souriait toujours et, sans qu'il y ait eu intervention humaine, la flamme des chandeliers a baissé. J'ai pensé à un subterfuge, une machinerie de théâtre destinée à abuser le badaud qui traîne devant les chariots des comédiens aux portes de Grenade, mais je n'ai pas eu le temps d'y réfléchir, car la voix est sortie de derrière une tenture : « Que me veux-tu, Francisco ? » Cela faisait vingt ans qu'elle était morte, c'était durant l'hiver 1634, j'avais à peine quatre ans. J'aurais pu oublier mon propre visage et le bleu du ciel, mais pas le son de sa voix.

C'était elle, j'en étais sûr. Durant ces expéditions nocturnes, je porte sous mon pourpoint une miséricorde. Je l'ai sortie du fourreau et ai écarté la tenture. Il n'y avait personne. Qui avait parlé ? J'ai éclaté de rire. Ces gens ont mille tours dans leur sac, mais le plus étonnant est celui que l'on se joue à soi-même. J'avais cru l'entendre, mon imagination m'avait abusé. La dalle qui sépare le monde des morts de celui des vivants est trop lourde pour être soulevée.

17 février 1655
Qui oserait ce conte : un homme cristallise peu à peu autour de sa personne tant d'animosité qu'il devient la cible des plus grands, et il finit poignardé sans qu'il sache pourquoi. J'ai souvent l'impression que cette histoire est la mienne...

Pas de causes certaines : je n'ai offensé aucun prince, et la plupart de mes féminines conquêtes sont restées secrètes, les hommes que j'ai tués le furent en duel, loyalement, qui pourrait m'en vouloir d'avoir triomphé ?

Je n'ai trahi nul parti, n'ai ambitionné nulle place, ni intrigué ni sollicité à cette fin, je n'ai demandé ni pension ni charge, je n'ai traîné dans aucune antichambre et n'ai écarté personne de sa route.

Certes, il y a eu les libelles, mais aucun ne fut interdit... alors ?...

Il me semble que cette absence de causes est la cause elle-même.

Je suis celui qui jamais ne quémande. Je n'en ai nul mérite, je suis ainsi. Le voudrais-je que je n'y parviendrais point.

Promènerais-je autour de moi un vent de solitude qui me tient à l'écart de la meute ?

Je ne tais pas mes opinions, je ne les clame pas davantage : je suis mon chemin comme il me plaît de le suivre.

Suis-je seul à procéder ainsi ?

Peut-être cette sérénité qui est la mienne dépose-t-elle sur mes épaules, sur toute ma personne, une poussière étrange et exceptionnelle qui fait surgir la crainte et l'envie.

Il y a dans tout cela beaucoup de rancunes et de rancœurs... Je ne fais pas étalage de mes succès, je peux emplir les cathédrales de mes musiques et mon lit de filles de roi sans que je m'en vante, et c'est là une réserve que l'on ne me pardonne pas car j'expose ainsi une intolérable différence : les autres ne cessent de chanter leur propre gloire, ils ne supportent pas que je ne me soucie en rien de la mienne.

Je ne tiens à rien, je n'espère rien... il y a là de quoi me rendre haïssable !

Pour une âme de crasse et de suie, le lait pur de la liberté ne peut-il être qu'un poison d'où jailliront toutes les rages ?

Il me suffira de continuer à être ce que je suis pour que s'ouvrent sur mon passage les fleurs de la haine.

Je n'ai ni maîtres ni disciples et je cherche qui pourraient être mes amis.

Je n'ai nulle vanité et cela me suffit pour ne pas avoir de semblables.

Non daté
Un empire ne s'élève que sur la ruine d'un autre. La Nouvelle-Espagne se dresse sur la disparition du monde aztèque. Que subsiste-t-il du royaume de Montezuma et de ses splendeurs ? Les vice-rois, successeurs d'Antonio de Mendoza, n'ont pas su faire respecter la paix, voici près d'un siècle que Paul III a condamné l'esclavage des Indiens, et voici près d'un siècle que les Indiens sont esclaves.

Ils meurent tous : famines, épidémies, assassinats. Ils fuient, chassés vers les terres insalubres, tandis que les colons annexent leurs champs fertiles où poussent les maïs. C'est l'héritage des Cortés. Triste héritage.

Hier, quelques membres d'une tribu nous ont emmenés au pied d'une montagne, nous sommes partis à une quinzaine : les porteurs, quatre soldats, les deux prêtres et moi. Les *padres* sont vieux mais ils marchent bien. Leur mission a été fermée il y a près d'un mois, faute de fidèles, elle avait été florissante, don Dalvino m'a raconté qu'il y a vingt ans il baptisait jusqu'à trois cents enfants et adultes par semaine.

La tribu est composée de descendants des Tlaxcaltèques. Ils sont cinquante, Salvino parle couramment leur langage. Certains sont chrétiens, d'autres pas.

Nous avons suivi des torrents, franchi des rivières qui ne portaient pas de nom. Au bout de trois jours de marche, la montagne est apparue, le sommet était caché par des nuages. Le plus ancien des Indiens que Salvino appelait Matan nous a expliqué qu'avant l'apparition des hommes c'est là que vivaient les anciens dieux. Ils étaient quatre. Chacun commandait à un élément, le feu, l'air, la terre et l'eau. Leur vie était sans histoire, ils mangeaient, dormaient, buvaient et étaient seuls sur terre, mais ils s'ennuyaient. Un jour, au cours d'une de leurs assemblées, ils décidèrent de fabriquer des êtres vivants dont le spectacle pourrait les réjouir. Ils commencèrent à dessiner des projets mais aucun ne parvint à les satisfaire. Ils les jugeaient trop laids, trop gros, trop grands ou trop petits, trop affreux, trop fragiles. De plus il fallait que chacun eût les moyens de se déplacer, de trouver sa nourriture, de se défendre, de communiquer. Les dieux travaillèrent longtemps, se disputèrent, et ils n'arrivèrent pas à tomber d'accord sur ces êtres qu'ils désiraient observer du haut de la montagne des nuages, pour leur plaisir et leur amusement. De là vient notre imperfection.

Non daté
Pourquoi ai-je entamé cette grammaire ? Elle me donne un mal fou. Je pense qu'à l'origine de ce travail il y a la volonté d'accomplir quelque chose de novateur. Ce livre est le contraire d'un ouvrage normatif, j'ai voulu savoir comment la façon de dire pouvait révéler ce qui était dit...

Comment, avec si peu de lettres, pouvons-nous parler de la multitude de choses réelles et irréelles que sens et imaginaire font éclore dans notre esprit : l'aile du papillon qui chatoie dans la lumière et comment, avec le faible matériel dont je dispose, pourrais-je traduire le vertige irisé des couleurs... L'homme est un animal muet.

Muet ou presque, tous les mots tiennent en quelques pages... Comment sont-ils nés, comment s'assemblent-ils ? Leurs règles associatives s'ordonnent-elles pour leur plus grande efficacité à traduire le monde ? Il y a en eux tout un mystère. Une clef se cache en chaque langue, mais peut-être la plus grande énigme ne peut-elle être résolue qu'en comparant les diverses langues entre elles. Leurs différences sont-elles de surface ou introduisent-elles à des profondeurs maîtrisées ?

Les mots, les mots que j'ai aimés et qui auront été et seront au cours de ma vie la seule façon que j'aurai de transmettre l'univers tel qu'il m'est apparu, sous la voûte céleste comme dans les yeux d'une femme adorée. Mais est-il utile de transmettre ? C'est l'illusion dont se pare l'écriture qui aime à paraître nécessaire...

Le père de Pilar m'a dit dormir chaque nuit avec un poignard dans chaque main. Je vois briller le fer nu de ma rapière au ras de mon œil droit.

Mars 1657
Acheté ce matin une flamberge sur les quais de San Juan de Villa. Je l'ai payée trois fois sa valeur, le mate-

lot qui me l'a vendue a laissé sa jambe droite dans une embuscade et rembarquait le lendemain. La pension que lui versera la Marine ne suffira pas à nourrir ses trois enfants : le voici condamné à cultiver à cloche-pied son champ de Navarre. Voilà bien les largesses de nos ministres. Ce brave homme a versé son sang et perdu un membre pour la gloire de nos étendards, il finira sa vie en étant la risée des gosses du village, heureux si sa femme ne se lasse pas d'un mari à un seul pied.

L'arme est immense, à lame fine, coquille plate et quillons courts. L'acier léger est de marque allemande. L'affaire faite, nous avons bu du rhum : conscient de m'avoir volé sur le prix, il a tenu à m'offrir trois tournées successives.

Il y a plusieurs semaines déjà que les galions, avec leurs renforts de troupes habituels, ont déversé leur cargaison de jésuites et de filles de bordel, toutes en provenance de Cadix. L'une d'elles, tremblant de tous ses membres, m'a demandé de lui affirmer que les lieux de débauche étaient interdits aux Indiens. Que lui avait-on raconté sur leurs mœurs ? Comme je lui posais la question, elle a baissé la voix et m'a révélé que leurs sexes énormes déchiraient l'intérieur des femmes. Je pense que mon éclat de rire a été plus persuasif que mes explications. Il m'a été difficile de lui assurer que ces êtres avaient la même conformité que les purs Castillans et qu'elle risquait sans doute moins d'être infectée de grande vérole par les paysans de San Luis Potosí que par les chanoines des couvents du Jalisco.

Des révoltes ont éclaté dans la province d'Oaxaca. Quatre meneurs ont été pendus et les mines occupées par les troupes. Vasquez veut que je m'y rende pour rétablir l'ordre. Ignore-t-il que je sais ce que cela veut dire ? Si je pars d'ici, c'est à la tête d'un groupe de fidèles et j'irai mettre ma rapière et leurs mousquets au service des opprimés. Que croit-il ? Que je tirerai l'épée pour défendre les panses rebondies des banquiers de Grenade et de Tolède ? Que je verserai sur les pierres brûlantes le sang des vrais maîtres des lieux ? Ce porc ne sait pas ce dont je suis capable, je peux réunir demain cent hommes, et le double de chevaux, tous armés de pied en cap, les meilleurs combattants du Sonora au Yucatán, entraînés à toutes les chevauchées, toutes les marches, grands brûleurs de poudre et manieurs d'estoc. Je suis passé au campement hier soir, mon sang bouillait encore de ma rencontre avec le colonel, et j'ai inspecté les lieux, les bêtes et les armes. Les sergents ont fait vérifier toutes les batteries à silex des pistolets et les rouets des mousquets des hommes d'infanterie.

J'ai peu dormi, je sentais battre sur mes tempes la diane des combats. Je ne me tiendrai pas du côté des bourreaux et, encore moins, je n'aiderai à trancher les têtes. Je n'ai même pas à prendre de résolutions, je n'ai pas à peser le pour et le contre, à mettre en balance la trahison de l'Espagne et le secours à l'Indien, car ce qui se trouve ici n'est plus l'Espagne. Le pillage et le meurtre ne naissent pas du monde réel qui fut le nôtre, de ce que l'on peut appeler sa grandeur... Sous les feutres des ducs et des autres membres de la noblesse, les regards étaient durs et le maintien imposait une distance, j'en ai souffert comme tous... Mon père fut glacial et figé, c'était un homme sans plainte et sans sourire, la joie et le malheur n'avaient pas été créés pour lui, il était au-dessus, et tout le remue-ménage des mortels ne l'atteignait pas, mais il n'y avait pas place dans la moindre de ses pensées, dans la moindre décision de sa vie, pour l'ombre d'une vilenie. Il m'a appris cela : la rigueur du devoir qui, jamais, ne transige. Tout calcul est erroné et suppose atermoiements et compromis. Ce soir, je sais où se trouve ma voie et je la suivrai. Je sais que, du fond de la tombe où il gît en armure, Bartolomé Torrentera me donne sa bénédiction.

Je regarde le ciel où les nuages galopent et je ne cherche pas à y lire mon destin. Je ne serai pas le sauveur des paysans espagnols usurpateurs, je ne restaurerai pas l'Empire de lumière, je ne veux pas qu'une guerre civile embrase tout le pays... Trop de temps en effet a passé : depuis un siècle, nous avons infiltré dans les âmes indiennes trop de renoncement et de fatalisme pour soulever les anciennes nations : beau travail, messieurs les prêtres ! Vous avez su courber les échines et éroder les ambitions... cent ans ont suffi pour créer une race de serviteurs ! Ceux qui, parmi eux, ont péri ces derniers temps la corde au col ont davantage suivi la pente du désespoir que tenté de rompre l'ordre des choses, mais qu'importe, demain, je serai à leurs côtés. Je demeure lucide et sais qu'on trouve parmi eux des lâches, des voleurs et des assassins, leurs prêtres étaient parfois pires que les nôtres, leurs maîtres plus cruels encore : l'injustice alors côtoie les démons mais reste une injustice, et je ne veux plus voir des démons mais des hommes qui ne savent même plus qu'ils sont humiliés.

Date effacée
Si l'Histoire devait conserver le souvenir de cette bataille, ce serait celui d'un massacre qui me serait

directement imputé. J'en appelle à une justice moins hâtive : si j'ai fait achever les blessés, c'est que, sous ces climats, chaque plaie ouverte introduit dans tout le corps une humeur pourrissante qui cause des morts effroyables. Mes Indiens n'ont pas épargné les leurs, et nous avons entassé les cuirasses et les armes d'hast sur les chevaux rescapés. J'ai laissé sur place les arquebuses, pistolets et mousquets qui, pour la plupart, avaient fait long feu. La poudre était moite d'humidité et, de toute manière, il aurait fallu en expliquer le maniement à mes Indiens, ce qui aurait supposé du temps, ce que je suis loin de posséder. De plus, il m'est apparu nécessaire de les laisser combattre avec leurs armes ancestrales dont ils se servent d'ailleurs avec une grande habileté, la garnison de Durango a pu s'en apercevoir à son corps défendant. Sur les dix-sept hommes qui la composaient, trois ont réussi à s'enfuir, les autres sont morts dont deux de ma main. Je connaissais le capitaine, il s'appelait Revelondo et venait de Carthagène, homme de sac et de corde, il avait commandé un bagne dans la sierra de Nayarit dont il était ressorti du sang jusqu'aux coudes lors d'expéditions dans la jungle où il s'autorisait viols, rapts et rapines, avec la bénédiction des prêtres.

Il fallait prendre vite la décision d'attaquer, ce que j'ai fait, et nous avons bénéficié de la surprise, mais il me faut à présent fuir dans une région dont le terrain ne nous est pas favorable. Mon souci le plus profond est de n'être pas encore parvenu à rallier les responsables de six tribus. Il n'est pas certain que les émissaires que j'ai envoyés pour contacter les chefs soient parvenus à leur but. Si je n'ai pas leur accord à tous, le soulèvement est impossible.

Comment peuvent-ils ne pas avoir encore compris ? Sous la chape de l'Église, ne se sont-ils pas rendu compte de l'asservissement qui était le leur ? Même parmi les fidèles qui m'entourent, le dévouement et le courage ne se déploient que pour me plaire, non pour leur libération.

Est-il folie de vouloir pour les autres une liberté qu'ils ne demandent pas ?

Certes, mais peu importe, je serai fou.

J'ai dressé une carte sommaire. Nous avons trois jours de marche avant d'être définitivement à l'abri.

Juin 1657

Lorsque les espoirs et les craintes nous échappent, nous les localisons.

Les nourrices m'ont raconté des histoires sur la

cabane du bonheur, une sorte de complainte qu'elles fredonnaient certains soirs pour m'endormir. Le bonheur, les hommes le cherchent, partout, toujours, dans tous les sens, ils croient le trouver quelque temps dans le pouvoir, l'argent, la possession, une femme, une chanson, le jeu, le danger. Mais jamais ils ne le tiennent vraiment car ce sont des leurres. Le vrai bonheur est caché derrière la huche à pain d'une masure à flanc de sierra, sur la route de Rodomontes.

Quelle tête avait le bonheur pour le jeune enfant que j'étais alors ? Il me semble qu'il devait posséder le visage avenant et joufflu que l'on attribue aux bons lutins. Pourquoi me l'imaginais-je vieux ? Le bonheur avait-il besoin d'années ? Il était nain, de cela j'étais sûr, car comment aurait-il eu la place de se dissimuler derrière la huche à pain ?

Un nain joufflu et souriant comme un grand-père au cœur de montagnes brûlées : vingt ans plus tard, je me dis que cette définition en vaut bien une autre. Celle-ci a le mérite de donner une avenante face à ce qui n'en possède pas. J'avais eu, il m'en souvient, une question d'enfant à son propos : « Pourquoi Bonheur se cache-t-il ? » Cajuares, qui était la plus vieille des servantes, avait ri.

Cajuares est morte quelques semaines plus tard. Je

te repose la question et ne cesserai de te la poser jusqu'à ma mort, dis-moi et réponds du fond du tombeau : pourquoi Bonheur se cache-t-il ?

Pas de nain bonhomme le long de ce fleuve. Ce n'est pas le bonheur qui habite ces rives mais la mort. Son territoire est délimité, à la fois précisément et de façon différente, suivant la position des étoiles... Je n'arrive pas à percer le mystère de Tatouyapam : tel est le nom du territoire qu'elle occupe et que seuls les chamans connaissent.

Une partie du domaine se noie dans la mangrove, les lianes forment un réseau qui semble impénétrable. Aucun signe apparent de délimitation, mais les Indiens savent reconnaître les bords de cette frontière mouvante. J'ai fini par y pénétrer, une visite de politesse.

Gloire à vous, madame la Mort, je viens vous présenter mes hommages, je suis Francisco Torrentera, gentilhomme d'ancien monde.

Une chose m'a frappé dès les premiers pas, le jacassement des perroquets s'est tu, passé les premiers troncs, et un silence s'est installé, souple et paresseux comme un vol de hibou. Le village que je venais de quitter dormait, les Indiens ont une expression pour cela, ils disent que c'est l'heure où « les hamacs sont pleins ». Il m'a semblé reconnaître le rire lointain de Peperino. Il joue aux cartes et aux dés sur un tambour avec les autres, à l'heure où le soleil est droit.

J'étais dans le royaume de Dame Mort.

L'homme a cela de différent avec l'animal qu'il s'invente et s'impose des interdictions : ainsi, nul n'a le droit, sinon les sorciers, d'entrer ici, sous ces dômes verts.

Au centre d'une sorte de clairière, il y avait un monticule de glaise, un visage grossièrement sculpté, la terre avait dû être apportée de la berge et avait durci, malgré l'humidité de la végétation qui l'encerclait d'une gangue de mousse véronèse : c'était elle.

La terreur absolue de l'humanité présente devant moi... Contre elle, toutes les énergies s'étaient liguées, elle avait été combattue, mais triomphait encore : sous les arcades, les yeux d'argile me regardaient. Madame la Mort, bonjour !

J'avais emporté une lame de guerre à poignée à deux mains et quillons à torsades. Je l'avais prise sans fourreau, la portant sur l'épaule comme un mousquet. Une précaution : les serpents pullulent dans le lacis des branches, et des lions de montagne descendent quelquefois boire dans les trous d'eau de la forêt.

J'ai soulevé l'épée et j'ai fixé cette face stupidement

pétrifiée. C'était donc cela ? Le bonheur était un nabot craintif et la mort une grimace idiote... Il n'y avait pas de quoi se vanter du pouvoir qu'avaient les hommes de représenter ainsi leurs rêves et leurs angoisses. Je ne sais à quelle impulsion j'ai obéi, mais j'ai fait vrombir deux fois le fer avant de l'abattre par le travers sur la gueule béante.

Elle a cédé d'un coup sous le choc. Mon ordonnance sait redresser le fil des rapières et, après le retrait du tranchant, la tête ou ce qui en restait s'est effritée et je n'ai pas eu à redoubler le coup.

Je me suis mis à rire. J'étais le vainqueur de Tatouyapam, la mère du néant. Il y a eu comme un relâchement de la chaleur, j'ai défait le plastron de la cuirasse qui comprimait ma poitrine et j'ai dormi comme un seigneur, malgré l'incessant grouillement des vers sous les écorces et les racines : une assourdissante et infinie musique, un chant de pourriture que l'on n'oublie jamais, ne l'aurait-on entendue qu'une fois...

C'est là peut-être la raison du choix de la tribu, les Indiens savent que, sous la peau mouillée de la terre, rampent les mille compagnons des défunts, ils les accableront de leurs étreintes et de leurs voraces baisers jusqu'à ce que ne subsiste que la nacre ultime des dents et l'ivoire de l'os. Allons, ce n'est pas mal choisi, ces lieux ne sont pas semblables aux autres, après tout...

Je n'avais pas dormi aussi bien depuis longtemps, il venait de couler dans mes veines une sérénité inconnue depuis de longs mois, elle devait surgir d'une source nouvelle, celle qui naît de la profanation... J'avais enfreint les règles de la tribu et abattu l'idole noire.

Lorsque la conscience m'est revenue, les nuées qui, en ces régions, accompagnent les prémices du crépuscule, avaient conféré à toute chose une couleur d'eau. Lorsque ma main est passée devant mes yeux, j'ai pu le constater, elle avait la lividité des chairs mortes, et j'ai cru une brève seconde à la vengeance de la déesse brisée : elle m'emportait avec elle, vidé de ma vitale substance, et je plongeais dans la brume des anéantissements.

Non daté

Ils ont jeté des chiens vivants enflammés au centre de la clairière, et ils ont tué quatre vieillards. Les bêtes folles dansaient une sarabande de mort lumineuse... Je connais ces jeux. Les huttes ont flambé et ils ont emporté trois filles dont deux n'étaient pas nubiles, puis ont disparu en direction du confluent.

Ce sont les déserteurs d'un régiment cantabrique. Ils sont quinze, moins peut-être aujourd'hui, et, depuis seize mois, vivent de rapines, razziant les missions, clouant les femmes aux portes des chapelles. Cette fois, ils n'avaient pas prévu que les hommes valides seraient en forêt. Dieux et vents étaient propices à la chasse et les tambours ont dû, déjà, les prévenir du massacre. Je ne donne pas cher de leur peau. Les guerriers de cette tribu peuvent traverser un marécage sans faire bouger une palme ni frémir l'eau, et leurs flèches empoisonnées sont mortelles.

Gardez vos cuirasses, assassins des joyeux enfants à la peau d'or... Je regarde le soleil se coucher chaque soir sur leurs ventres de cuivre, leurs yeux sont faits de rires et de peur.

Peperino m'a demandé de conduire un détachement pour partir à leur recherche. J'ai refusé. L'air est saturé d'eau et les mousquets feraient long feu, j'ai craint un affrontement à l'arme blanche car voilà quatre mois que les hommes ne sont plus entraînés ; aux premiers chocs le bois pourri des pertuisanes se fendrait. Il me faut remonter vers le nord, retrouver des espaces plus secs, plus sains, et en finir avec ces soupes d'enfer que mijotent les matrones dans les marmites de pierre.

Tout s'étire et bleuit après les premières gorgées du breuvage. J'ai vu les vieilles écraser les champignons moites entre leurs paumes claires, elles les cueillent à l'aube lorsque la rosée ruisselle le long des branches et des troncs, comme une pluie d'automne. Que se passe-t-il dans nos têtes visitées par les grands poisons de la nuit ? Quelles formes jaillissent et de quels mondes refermés ? Que croire alors dans ces déluges et ces tourbillons ? Je n'ai vu nulle teinte semblable, même chez les peintres fous, nul incendie, nul crépuscule, nul enfer ne contient ces carnages, ces spirales enroulées.

Il m'a semblé entendre des cris durant la nuit : meurtre de singes ou les assassins sont-ils tombés dans des pièges ? Les chasseurs les dépèceront vivants, comme l'exige leur coutume.

Plus d'encre, je vais essayer avec du sang de scorpion.

Qui m'oblige à tenir ces registres ? La sueur ruisselle sur ma main alors que mes lèvres cherchent l'air dans la suffocante et tiède puanteur de la décomposition générale des plantes et des herbes.

Je quitte demain le monde des Chingos. Peperino

dansera de joie et les autres avec lui. Il sera bon de voir la lueur du jour autrement que filtrée par l'épaisseur des nuages incessants et des frondaisons laquées par la luxuriance de la sève et l'abondance des pluies.

Nous prendrons les radeaux. De toute façon, je n'ai pas d'ordre. Je regarde le fleuve couler.

Un torrent sans rives...

Des arbres arrachés tournent lentement sur la surface et je sens que c'est ainsi que les empires meurent.

Un monde d'eaux moisies.

6 novembre 1657

Les mots tracés le matin sont-ils plus heureux que ceux écrits le soir ? Peut-être contiennent-ils en filigrane l'espérance du jour qui s'annonce alors que les autres naissent de la plume porteuse de toute la fatigue du passé. Il y a de la mort en eux. Les écrivains du crépuscule ont sur leurs épaules le poids parfois trop lourd des heures vécues, ceux de l'aube sont riches de ce qui s'étend devant eux, cela confère à leurs écrits une couleur d'espérance.

Pourtant une brume a envahi la plaine et je n'arrive pas à croire que les heures à venir puissent être remplies de promesses. Je connais la cause de cette langueur qui m'étreint, elle est faite tout entière de l'indifférence qui m'est venue cette nuit pour doña Isabel.

Est-il écrit que plus nos passions furent intenses, plus elles se terminent en accablement ? Ces dernières semaines, l'ennui s'est glissé entre nous, il a coulé de mon âme, il me semblait le voir grandir, un marmot terne et gris, un cadavre sans cesse gonflant ses membres monstrueux, s'efforçant de tenir toute la place.

Elle est partie avec l'aurore vers Cordoue, longtemps le bruit des chevaux de son escorte a résonné dans la ruelle. Je n'ai pas eu envie de voir disparaître sa silhouette qui n'éveille plus en moi que torpeur et lassitude. L'histoire est achevée. Une de plus. De tous les sentiments humains, l'amour est celui qui contient le plus en lui sa propre mort, il est une fleur épanouie fanée par son propre parfum... Dans l'été des feuilles, se cachent, invisibles, l'or et le sang de l'automne, mais elles, au moins, auront une saison pour être davantage qu'un tapis sec et bruissant emporté par le vent de l'hiver.

Je partirai ce soir vers d'autres victoires, vers d'autres défaites : toujours triomphant, toujours vaincu, la malédiction est en moi, elle est Moi... Quel orgueil m'interdit d'être différent ?

Janvier 1658

Des temps viendront qui n'auront plus rien de semblable aux nôtres.

L'épaisseur du secret qui entoure nos vies s'amincira-t-elle ou ira-t-elle se durcissant comme le tronc des arbres qui, peu à peu, au fil des années et des siècles, entoure leur cœur jusqu'à l'étouffer ? Nul ne peut le dire encore. Un vent souffle qui est celui de la croyance en une connaissance qui éclaircira toute chose... Je ne pense pas à un avenir aussi clairvoyant. L'humanité rencontrera des fausses pistes, la pire est peut-être celle de la science et de la raison.

Le sentiment me vient parfois que nous nous servons d'outils inutiles et inappropriés, je reconnais seulement que notre réflexion bien menée suffit à peine à nous débarrasser des erreurs anciennes. Nous allons de fausses vérités démontrées en découvertes qui nous illuminent et qui, à leur tour, sombreront dans le néant de l'ignorance... mais pénétrerons-nous jamais le réel ?

Il y a trop d'obstacles de toutes sortes, nous sommes les habitants d'un monde trop compliqué, nous participons à un jeu dont les règles restent cachées. Seront-elles toujours insaisissables ?

Les chevaux se sont agités cette nuit. Nul signe

pourtant d'un changement, aucun vent ne s'est levé, aucun bruit nouveau ne s'est fait entendre. La lune a continué à briller, pas une étoile du ciel d'hiver ne s'est éteinte, cependant, ils ont senti quelque chose, mais quoi ?

Je suis descendu, cherchant à deviner la présence d'un intrus, homme ou animal, il n'y avait nul être vivant.

Qu'ont-ils senti ? Qui a causé cette lueur de crainte que j'ai trouvée dans la nacre circulaire de leurs yeux exorbités ? Ce qui m'a le plus troublé peut-être, c'est qu'aucun d'eux n'a henni, comme si le moindre son émis aurait pu accélérer l'approche d'un danger invisible.

A côté de quel mystère suis-je passé ? Un parfum ? Un tremblement infime du sol, un bruit imperceptible à l'oreille humaine ? Et si les chevaux, mieux que nous, avaient accès à la réalité de ce monde et en percevaient les moindres signes ?

Nulle certitude ne me trouble et c'est là ma différence avec Castelar et les autres. Ils aiment bâtir des chaînes causales, leur construction est, je l'avoue, parfois magnifique : de la créature au Créateur, tout entre en une correspondance à l'implacable logique. Quel besoin de clarté est le vôtre, messeigneurs, pour que vous ayez, avec tant de soin, élevé de si transparents systèmes ! Vous êtes les grands nettoyeurs d'obscurité, comme vous travaillez pour que tout, de la terre au ciel, s'explique !... Désir d'un monde cristal, sans fissure, offert à toute conscience qui, du coup, fait de vous les maîtres de l'univers. Je n'ai pas de ces ambitions, je galope dans une brume bien plus obscure qui va parfois se déchirant, parfois m'engloutissant... et je ne distingue qu'à peine l'encolure de mon coursier dont la crinière monte et s'éloigne, comme les algues sur la crête d'une vague incessante et tumultueuse.

Va, traverse ta propre nuit, qui encore t'appellera, Francisco ? Seule l'Indienne savait prononcer mon nom.

C'était ainsi qu'il devait être prononcé. J'ai pensé parfois que c'était parce qu'elle ignorait la langue de Castille, que les syllabes qui le composent comportaient pour elle un sens, une musique que les femmes d'Espagne et d'Italie ne peuvent entendre ni sentir, que l'Indienne le disait si bien. Un assemblage de lettres parmi d'autres, banal et coutumier. Elle avait percé le sens de mon être avec sa voix, je ne l'ai jamais oubliée. Moi qui confonds les alcôves, je garde le souvenir du grand fleuve trop vert, noyant l'horizon de ses brumes.

Francisco.

Avait-elle, comme les chevaux hier soir, atteint une vérité ?

C'était moi brusquement au cœur de la forêt, révélé à toute chose et à moi-même pour la première et la dernière fois. D'où tenait-elle ce pouvoir et quelle en était la nature ?

Je l'ai obligée à redire mon nom, plusieurs fois. Lorsque l'aube s'est levée, j'ai dû lutter pour ne pas la tuer, ma main tremblait lorsque j'ai remis la dague dans le fourreau. Je l'ai abandonnée dans les herbes lorsque a retenti l'heure étourdissante des perroquets.

Qu'est-elle devenue ? Le convoi est reparti, quelques heures après, et les radeaux ont suivi le courant jusqu'à l'embouchure. Je me suis retourné, la forêt s'était refermée, je savais qu'elle contenait une femme qui avait volé l'âme de mon nom.

Le regret me vient encore de ne pas l'avoir emmenée avec moi. Peut-être ses frères l'ont-ils assassinée pour avoir dormi avec un homme non issu de la tribu des eaux incessantes, peut-être ont-ils fait d'elle leur reine ou leur déesse. Son visage s'estompe, restent le souvenir huilé de ses cheveux, une fraîcheur pesante de cascade, et la voix. Surtout la voix : « Francisco »...

Castelar rirait s'il pouvait lire ces lignes. Que viendrait faire l'écho du prénom murmuré en bord d'Amazone, une nervosité de coursier, alors qu'il pénètre le squelette du monde, de démonstration en démonstration, utilise les principes des Grecs anciens, se laisse envahir et illuminer par l'aveuglant soleil des philosophes... Je ne suis parmi eux qu'un tremblant nocturne, cherchant dans le doute et le désordre du monde et de moi-même ce que je n'espère même pas trouver.

La musique, peut-être. Si c'était elle, la solution ? Si l'univers avait été construit avec des sons ? Peut-être avons-nous eu le tort de les ordonner, de les codifier en notes, cette furie de l'ordre toujours, de l'agencement, alors qu'il faudrait retrouver ce qui chante et gronde. La même musique peut-elle dévoiler toutes nos vérités et dire exactement le mystère de nos prénoms ?

Curieuse impression, ce soir, de ne pas avoir le temps... Quelque chose rôde, mais quoi ?

Ne serais-je qu'un homme d'impression ? d'illusion ?

Les temps d'analyse et de précision me tueront

plus facilement que la lame d'un duelliste plus habile que moi dans l'art des armes... Qui se souviendra du rêveur malade ? Il me faut dire ici que cela ne m'importe en aucune façon. J'aurai, au cours de ma vie, connu quelques secondes de vérité, elles n'étaient presque à coup sûr que la face chatoyante de l'erreur : ce n'est déjà pas si mal.

Février 1658
De la pierre, de la couleur et des mots.

Est-ce d'eux que peut surgir la vérité ?

Eglises, cathédrales, statues, paroles écrites ou proférées, vitraux et tableaux... Où sont les autres preuves ?

Je n'en ai vu nulle part, affirmant le Message de la Divine Présence. Il en est une simple, prétend Ottavio : notre présence même sur la Terre.

Voilà du sérieux, mais résiste-t-il à l'examen ? Est-il stupide de penser que cet amas, cet imbroglio de chairs, d'humeurs, de sang et d'os qui compose ce que l'on nomme un homme n'est que le produit d'un mélange inopiné et imparfait, car les marques de l'inachevé et de l'absurde sont flagrantes. La mort, l'usure, la douleur, la faiblesse sont si présentes que seul un hasard non calculé peut être l'auteur d'une créature si peu appropriée au monde qui l'entoure.

Cette pensée qui tourbillonne est tout au plus capable de poser quelques maigres questions.

Mais le Bien, mais le Mal ? Je ne pense pas non plus que leurs origines soient à placer dans un domaine qui n'est pas celui de l'humain, il est d'autres causes plus simples et plus terrestres découlant du simple fait que nous vivons ensemble, et que tout ce qui nuit à un autre homme, à un autre groupe d'hommes, du plus petit au plus grand, du village à la nation, appartient au domaine du mal. Le mal est la décision de supprimer la vie, de la rendre douloureuse et difficile pour l'autre, il n'y a là nul mystère.

Je développerai ces idées plus tard lorsque le désir charnel qui emplit les jours de mon existence sera apaisé. Si je deviens capable de transférer aux jeux de l'esprit toute l'énergie que je consacre depuis tant d'années à ceux de la chair, il n'y aura pas d'énigme qui ne soit vaincue.

Que d'inventions, Dolorès, quelle maîtresse et quelle élève, que de roueries et de vaillance en ces combats nocturnes, que de victoires et que de redditions, je laisse à d'autres les visions du Paradis, je sais qu'il n'est rien d'autre qu'un corps de femme et, avec lui, de multiples bonheurs : le vin de la nuit que la lune éclaire et le chant d'un oiseau unique sous le balcon tandis que nos corps se relancent dans la bataille.

Plus tard viendront les travaux de plume, je montrerai au monde quelles sont ses erreurs, ses terreurs et ses duplicités. Il n'y a pas d'enfer puisque la terre est emplie de filles brûlantes et que, chaque matin, les collines s'éveillent, je sais tirer le bonheur des pluies comme du soleil.

Pauvre Ottavio, je me suis moqué si fort de lui ce matin qu'il a quitté la place, peut-être aurais-je dû lui courir après, mais qu'en aurait-il résulté, sinon une continuation de nos éternelles querelles.

J'en ai eu trop d'agacement... il avait à nouveau enfourché sa sempiternelle monture, vieille et ridicule haridelle que je pourrais résumer en quelques mots : le monde est splendeur et ne peut donc être que la Création d'un Etre tout-puissant.

Il y a là quelque chose de si naïvement contemplatif que l'exaspération me prend, elle se mêle à une pointe d'attendrissement car, devant l'admiration sans bornes pour le spectacle qu'offre l'univers, il me semble découvrir en frère Ottavio quelque chose d'enfantin.

Je l'imagine assez bien assis par un soir d'été au sommet d'une montagne, à contempler dans la lumière du couchant le versant harmonieux des collines descendant vers la plaine fertile où coule un fleuve paisible, les forêts s'emplissent de mystère, quelques cheminées fument, attestant la présence humaine, et le ciel étend sur tout cela un voile protecteur... le silence n'est brisé que par le souffle léger du vent, un bêlement de brebis et l'appel d'une mère pour ramener vers le logis son enfant qui joue. Frère Ottavio s'attendrit à ces instants et loue le Seigneur, maître de toutes choses créées : ordre et beauté se mêlent et il est lui-même un fragment de cette perfection.

Je regarde ce même spectacle et je me demande où est la merveille. Je sais d'abord qu'il suffirait à don Ottavio de soulever une souche de bois mort pour découvrir plus de carnages, de cruauté et de souffrance qu'il n'en imaginera durant toute sa vie, que ce fleuve pourra demain ensevelir cette paix sous la ruée de ses torrents de boue...

Il manque à Ottavio et à ses semblables d'être des artistes. Ils n'imaginent pas de teintes plus chatoyantes que celles qu'ils découvrent, de sons plus mélodieux que ceux qu'ils entendent. Moi je sais que le plus maladroit des apprentis fraîchement entrés dans l'atelier d'un maître madrilène ou vénitien peut, avec le secours de sa raison et l'accointance du hasard, faire jaillir de sa palette une couleur plus stupéfiante que celle qui emplit le ciel de midi, plus ténébreuse que celle qui meuble la nuit... Dieu est un mauvais peintre, il manque des couleurs aux plumes de l'aigle, il n'est pas de naturelles perfections. S'il en existe en promesse, elle se trouve dans le ciseau du sculpteur, le pinceau du peintre, la plume du poète et le clavier du musicien. L'homme nie Dieu par son art, l'œuvre de l'artiste exalte l'imperfection de la création et, par là même, prouve son inexistence.

Les aphorismes et le poème qui suivent se trouvent disséminés dans cette sorte de fourre-tout que forment les carnets intimes. Ils interrompent parfois le récit d'une journée, d'une aventure, comme si Torrentera laissait filer le cours de sa pensée au gré de sa fantaisie sans vouloir l'interrompre.

Qu'il ne les ait pas réunis marque le peu de soin qu'il avait de ses écrits. Ils ont été regroupés ici par souci de commodité pour le lecteur.

Il nous est apparu qu'il serait intéressant pour ce dernier de les voir situés à cet instant du livre comme une sorte d'entracte avant que ne continue, par le héros, le récit des moments forts de sa vie. Pour ce qui est des aphorismes, on peut supposer que certains sont en relation directe avec les intérêts et les soucis qui furent les siens à des instants précis de sa vie. Ainsi, l'un des derniers, où il est question de trahison, a été écrit alors qu'il participait au soulèvement d'Indiens de la province de Chihuahua contre les troupes impériales.

A l'inverse, certains semblent tout à fait indépendants du terreau spirituel dont ils surgissent, ce sont des apparitions sauvages que rien ne laisse prévoir...

Le poème fut écrit en 1649, Torrentera avait donc dix-neuf ans.

Aphorismes

L'exemple du bien n'est pas contagieux, c'est ce qui le différencie de la peste et de la fièvre quarte.

On ne s'ennuie jamais du sexe, que des femmes, la règle est donc d'en changer souvent.

En art, il faut savoir se réconcilier avec l'imperfection sous peine de désespoir sans fin.

Le vrai roi est celui qui ne se sent roi qu'à demi, la part manquante porte des noms différents : favori, maîtresse ou conseillers.

J'ai connu des hommes dont la duplicité était telle qu'ils parvenaient, en trichant, à gagner la partie contre eux-mêmes.

Il est ridicule d'avoir des ennemis, il existe suffisamment de cimetières pour les accueillir.

L'amour est l'acceptation d'outrages réciproques. Il est présent dans la demande de plus en plus forte des dépravations.

La musique de notre vie contient plus de bémols que de notes franches, ne nous étonnons pas que nos symphonies soient bancales.

Le soleil qui nous voit naître est le même que celui qui nous voit mourir.

Celui qui veut le bonheur de l'humanité ne peut être que traître à sa patrie.

L'absence d'imperfection au cœur de la perfection rend la perfection imparfaite.

L'habitude du bonheur est désespérante.

Poème

Ne me dis pas que le soir tombe
C'est l'heure où naît le silence bleu
Tant d'espaces nous séparent et nous relient
Je prendrai un cheval et, pour que nul
Ne m'empêche de t'atteindre, je garderai poudre sèche
Et lame claire. Mourez, vous qui, dans la plus noire
Des ombres, êtes l'obstacle à cet instant où son corps
Pressera le mien, citron et douceur. Que viennent
Les chaleurs violentes des nocturnes fièvres... Quelle nuit naîtra
D'entre nos draps ?
Ce n'est pas la fuite du soleil à l'horizon,
Ce n'est pas la rotation des planètes, c'est la force de tes reins
Qui crée les étoiles et ce voile noir plus propice à ton désir lâché.

L'amour chasse la lumière, et voici qu'elle naît de l'éclatement mystérieux de ton chant.

Je t'emmènerai à Montenero, là où tanguent les caravelles dans l'agonie des vents, nous y vivrons dans le vide suspendu des cascades sous le regard de pierre des dieux enfuis.

Lente et longue plainte des mousses où rôdent
Inapaisées, martyrisées, les âmes des fils de Montezuma.

Suite du journal

Décembre 1659

Aurais-je dû m'enfermer en Europe ?

La paix des Pyrénées est signée... des territoires s'en vont vers la France. J'ai l'impression parfois d'un pays trop vaste, trop mou qui, peu à peu, se répand, se désagrège, chaque membre se détachant lentement du tronc : après la perte des Pays-Bas, voici maintenant des amputations nouvelles.

Je pense parfois que le malheur d'un pays est d'être trop riche, trop dispersé... que de frontières à surveiller, de celles de l'est jusqu'aux côtes du Pacifique... qui pourrait maintenir ensemble tant d'intérêts, d'hommes, de terres ? Nous rejouons une pièce qui a déjà eu lieu, et nous tenons le rôle de Rome : nous savons ce qui nous attend, l'effondrement de ce qui fut une hégémonie.

De Haro n'a pas tenu devant Mazarin, la défaite des Dunes a pesé lourd dans la balance. L'Artois et le Roussillon nous échappent moins quelques miettes, telles les châtelleries d'Aire et de Saint-Omer, des broutilles... La Bidassoa est notre Styx[1].

Il me vient le sentiment amer que cette guerre s'est déroulée sans moi. Aurais-je dû y participer ? Il y avait l'aventure, là-bas, à l'autre bout du monde, l'autre fiasco... C'est cela qui m'a tenté. J'avais entendu trop d'anciens soldats conter leurs récits d'une trop longue guerre, trente ans à patauger dans les brumes des Flandres, des marches incessantes sous le ciel bas, partir, revenir, tenir un siège interminable, tenter des brèches toujours colmatées, de rares escarmouches, de longues attentes de famine derrière les remparts immuables, la crainte du scorbut, les fatigues des horizons tristes, et puis une déroute qui s'appelle Rocroi, attendre des années un grade qui ne vient pas, un signe du général parce que l'on a regroupé des cavaliers, fait sonner la charge ou enclouer des canons ennemis... non, je ne voulais pas, je l'avoue, de ces combats obscurs, je voulais l'horizon, un monde neuf, aiguisé jusqu'aux dards de ses cactus géants, jusqu'à l'air des matins dans les grands cols ouvrant sur les vallées. Je voulais sentir de quel

---

[1]. Le traité fut signé sur cette rivière, dans l'île des Faisans.

bois étaient faites ces Indes inconnues, et j'ai aimé ce monde : ses palais éboulés, ses jungles, ses déserts, ses hommes aux yeux perdus et aux sciences étranges. J'ai aimé m'y sentir étranger, étonné comme un enfant durant les premiers pas, j'étais l'oiseau quittant le nid espagnol. Mais aujourd'hui, un remords m'effleure, beaucoup d'hommes de ce pays ont consacré leur vie à la boue des terres du Nord, à la traversée des terres françaises. Ils ont connu les progressions harassantes, les bivouacs, le sac des villes et des villages, les avancées et les replis ; tant y ont usé leurs cuirasses et leurs larmes...

La carte que j'ai jouée n'était pas celle du devoir obscur, elle m'ouvrait une route lumineuse ou que je croyais telle, j'y ai trouvé les couleurs et les parfums espérés, mais aussi le fouet de la chiourme et l'âme noire des jésuites. Nous avons tenu dans nos mains toutes les richesses du monde, et nous avons gâché un paradis.

Je n'ai pas pu renverser l'ordre de Philippe, la machine lancée par son ancêtre était lourde, elle roulait seule, inexorable et dévastatrice, écrasant tout sur son passage. Les cohortes des armées et des mercenaires avaient ouvert la route aux marchands et aux dominicains, assesseurs de l'Inquisition.

Le Roi n'a pas voulu recevoir le compagnon de beuverie, le débauché du temps de belle jeunesse, on le dit confit en dévotion, prosterné dans l'obscurité des chapelles, revêtu de la bure des moines, pauvre diable ayant trouvé son maître en Dieu. Prince balbutiant, le genou ployé sous de saintes images comme autrefois devant les rustaudes, il ne sait pas qu'il fuit à nouveau, que le peuple saigné le demeure, l'adjure... et moi je caracole, la tête et le cœur pleins d'une femme interdite, dévoré de passion et de la rage d'être ainsi, je parcours la peau de la terre, inutile à mon pays, flamme bondissante et éphémère je n'aurai allumé nul foyer, le monde où je naquis s'écroule, un autre naît que je ne puis saisir, j'ai ce soir l'envie de galoper jusqu'à ce que mes bottes soient blanches de l'écume de mon cheval, et je le lance, du haut de la falaise, droit dans le soleil couchant.

Non daté
Voici longtemps que j'ai abandonné ce journal. La musique s'était emparée de moi et quelques autres affaires m'ont requis. La chaleur est si intense à nouveau que nous avons cessé de faire des armes, même durant la nuit. Ferrante m'a appris le maniement de la bâtarde et à passer l'épée de la main droite à la

main gauche. Nous nous battions nus comme des vers, trempés de sueur, les plastrons trop lourds ont été abandonnés. A la troisième passe, j'ai manqué le tuer, et il m'a prié d'arrêter l'assaut, craignant pour sa vie. Il porte sur la poitrine la marque de tant de coups de taille et d'estoc que son courage s'en est émoussé. Béni sois-tu, Ferrante, tu m'as appris quelques bottes assassines que ni la lecture des ouvrages de Grassi ni celle des traités de Viggiani de Bologne n'auraient pu m'enseigner.

Des nouvelles me sont parvenues de Cancún et de la mission. Les gouverneurs pillent ce qui reste à piller et que Cortés a oublié. Les vaisseaux de la Nouvelle-Espagne cinglent, pleins à ras bord, vers Cadix, des terres du Sud ont été conquises, elles appartenaient aux Mayas. Au nord, les dignes successeurs d'Onate répandent la guerre et le chaos. Mes deux suppliques adressées aux favoris du Roi sont restées lettres mortes. Qui résisterait à l'arrivée de galions d'or ? Qui peut comprendre qu'ils transportent la source même de notre décadence ?

Je n'ai pas rencontré ici de gens partageant ma vision de notre destin. Quelque temps encore, et les décisions de Madrid se prendront à Paris : où es-tu, Charles Quint ?

Je brûle parfois de retrouver les rivages de cet empire d'émeraude, j'entends au cours de mes insomnies le chant des oiseaux de la forêt mêlé à celui des Indiens groupés autour des feux. Il ne subsistera plus bientôt que des terres dévastées sur lesquelles planera le plus lourd des silences...

Je ne puis y retourner, l'argent me manque pour fréter une flotte et, autour de moi, la surveillance s'est resserrée. Qui financerait une entreprise visant à colmater les sources d'un profit qui enrichit les maîtres de ce pays ? Il me reste des rapières, la musique, la lecture, les couleurs et les femmes, je vais de l'une à l'autre, alternant les dessins, l'écriture, les putains et les villanelles, mais mon âme n'atteint pas le repos. Est-ce là ma mission sur cette terre ? Mon sang brûle, inemployé.

Février 1661
Je rêve de machines, et leurs bras, leurs jointures, leurs sangles m'apaisent dans Salamanque qui s'endort.

J'aime l'odeur des fioles et des mortiers où s'écrasent les couleurs. La térébenthine flotte et les contours de la cathédrale dansent dans le soleil.

Catarina m'a demandé de la peindre et s'est étonnée de mon refus. Trois nuits trop semblables avec elle, n'a-t-elle donc dans sa panoplie que ces tristes manœuvres si souvent reprises ? Le mari est un bouffon à crête raide. Je le tuerai s'il bouge. Un sot pour avoir épousé une femme aussi vaine et si peu inventive... Je n'imagine pas ce sot une épée à la main ! Elle, davantage. Quand l'aventure cesse, la haine monte...

Quatorze jours que je me trouve dans la ville et rien ne se passe, sinon une toile qui ne me satisfait pas, et cette morne femme aux caresses prévues. Alors la fureur pousse en moi, une ortie sur le terreau de l'ennui. Je ne serai plus demain qu'une envie de bataille. La bile me submerge, je sens au détour des miroirs que mon visage est jaune de rage rentrée.

Un courrier est arrivé. Je suis mandé à Madrid. Je n'irai pas. Trop de lettres sans réponse, trop de perles sur les pourpoints, trop de soie, de velours, de chaînes d'or et de diamants aux doigts. Je ne résisterais pas au désir aveuglant d'embrocher tous ces voleurs ventrus, alors que leurs âmes pourraient, telles des voiles dépliées, s'ouvrir aux vents qui parcourent la mer... Peut-être faut-il un seul souffle pour sauver un homme, deux paupières soudain fermées sous la violence des alizés, et voici le courtisan lavé d'un coup de ses calculs, une bourrasque qui nettoie la canaille et fait monter à l'air l'âme retrouvée.

Accoudé à tous les bastingages de mes voyages-océans, j'ai à chaque fois rêvé de ces embarquements : grands d'Eglise, grands d'épée, hommes à titre et à chamarrures, princes de combinaisons, de faux sourires, de faux-semblants, vous qui poignardez si bien, manieurs de vertus, mentons altiers sur le haut carcan des fraises, je vous ai rêvés alignés au couchant lorsque la nef cingle à toutes voiles, submergés par l'immensité effroyable de l'espace, pliant vos genoux trop dociles sous le poids du ciel déployé... Résisteriez-vous à cette force ? Vos crânes de cafards, gangrenés de calculs et de ladreries, céderaient-ils à ce vide purifié, à l'azur, aux flots améthyste sur lesquels plane l'argent du ventre des goélands ?

A chaque fois, les larmes m'en sont venues... une partie de moi, la venimeuse, s'est détachée, emportée par la succession des rafales, et me laissait neuf, vide, épuisé sur le plat-bord. Un enfant nouveau naît de l'océan à chaque seconde. Il n'est d'homme vrai que le marin et le voyageur.

La vie voyage. Je ne reconnais qu'un précepte : que chaque instant de ma vie soit départ, que nul projet de retour ne l'habite. Je cinglerai vers d'autres ports, d'autres lieux, d'autres femmes, d'autres morts.

Quelle folie m'envahit depuis mon arrivée dans ce lacis de ruelles obscures ? Des rêves de mer m'obsèdent et l'aventure des terres bariolées se poursuit dans ma mémoire incessante. Des songes en plumes de cacatoès... Vieille Espagne, tes couleurs sont usées. Des fenêtres de la salle d'armes, s'étendent les toits imbriqués, luisant des pluies hivernales, je marcherai tout à l'heure dans les sentes bordées de murs aveugles. Comment pouvons-nous respirer dans cette ville noire où éclate, certaines nuits, la flamme des incendies ? Des pas de chevaux sonnent sur le pavé : quel cavalier traverse la place morte ? Et l'envie me prend de sortir l'épée nue et d'entamer la bataille...

De toutes les forces, les puissances dont je sens l'existence en moi, celle qui me semble la plus difficile à maîtriser est mon impatience, ce tremblement ténu qui court le long des fibres de la vie. Il m'arrive de prendre un bain d'église pour calmer cette fièvre, dans le silence des pierres de la nef je noie mon cœur brûlant des fraîcheurs des colonnes, je suis seul le plus souvent : quelques vieilles accroupies sommeillent au pied des chapelles. Je marche dans la lumière éclatée des vitraux jusqu'à ce que j'arrive à l'homme-dieu, le sacrifié, et nous nous regardons.

Mars 1661

Près d'un mois qu'il pleut sur Salamanque. L'eau du ciel, autant que l'herbe des prairies, fait surgir les prédicateurs. Impossible à ces ânes bâtés de penser qu'un excès de soleil, un trop-plein de neige ou vingt jours d'averses ne sont pas les annonces de temps funestes, voire d'apocalypses avancées. Sur la place, ils se succèdent et clament la venue d'infernales légions, la fin de ce bas-monde et autres catastrophes : pas de remèdes, sinon la repentance, l'abstinence et la contrition...

Il doit exister sous ces toits des maris effrayés, tapis dans l'ombre des alcôves et tentant de sauver leur peau en fuyant la chair de leur femme. J'ai donné l'ordre de bastonner quelques-uns de ces prophètes de comédie si, d'aventure, ils passaient devant ma porte. Ils vendent des scapulaires protecteurs, des signes de la Cabale tracés avec un clou de la Croix encore empreint du sang du Christ. Le salut pour quelques pièces d'argent ou d'or... un florissant commerce bâti sur le fumier de la bêtise et de la peur.

Adieu, Catarina, je l'ai rendue à son cocu : il ne

doit attendre que son retour et le pardon est déjà prêt, cela lui permettra de faire le généreux, le magnanime, alors qu'il n'est qu'un couard. Me voici seul, et heureux de l'être... Je passerai demain les portes de la ville et galoperai. Voici trop longtemps que mes chevaux piétinent dans leurs stalles. La plaine m'attire, elle me semble infinie sous les bancs de brume irisée qui nappent le matin. Les étangs étincellent et, lorsque les nuées s'écartent, les étoiles s'y reflètent en un ciel inversé.

J'ai passé une partie de la nuit à L'Estrella Roja. Le vin épais sentait la ferraille, un maquereau, échappé de la petite vérole, a tenu à m'offrir une écuelle de piments doux dans une sauce figée. Je suis monté avec l'une des filles, la seule blonde de la compagnie, la plus âgée de toutes, quarante ans peut-être, mais son sourire ne devait pas avoir changé depuis l'enfance. Elle est née à Tarragone dans le quartier juif, et elle est devenue putain avant d'être femme. Nous avons chevauché de belle manière, l'air bleu qui entrait par la lucarne a nappé son corps épanoui d'une nocturne couleur, je pouvais voir l'éclat mouillé de ses dents, et j'ai aimé la musique de ses plaintes. Lorsque le jour s'est levé, je suis parti en lui laissant ma bourse, le prix de sa volupté et de sa joie, de quoi acheter fermette et lopin de terre. Tout cela finira dans la poche d'un souteneur mais qu'importe. Elle m'a supplié de revenir. Son odeur de lait et d'eau de Cordoue m'a poursuivi longtemps, je reviendrai sans doute. Son nom est Concha.

Qu'ai-je aimé dans cette étreinte ? Un affaissement, le signe de l'âge sur ce torse qui cesse peu à peu d'être triomphant, sur ces fesses qui s'enrobent, toute une lente défaite du corps, une déchéance amorcée et consentie. Mais le sexe, lui, ne cesse pas d'être une fête toujours vivace et pourtant si renouvelée... Cette fille baise trente hommes chaque jour depuis l'enfance, et la nuit dernière fut pleine de ses déchaînements. Il y a là mystère, un mystère si grand qu'on l'a assimilé au mal, de peur de l'éventer.

Saint Augustin, homme à femmes, a vu le gouffre : si grand fut son plaisir qu'il a craint de s'y engloutir et il a prêché son refus. Ne sachant pas quelle était la raison de cet adorable déchaînement, il lui a donné le visage de Satan. Voici un redoutable cadeau fait aux hommes : nicher le démon entre leurs jambes afin qu'ils n'oublient pas qu'il existe... Il fallait bien être au moins évêque d'Hippone pour inventer semblable ineptie : nous voici tous pourvus d'un diable incorporé.

Cette prostituée d'une nuit m'a apporté plus de jouissance et de béatitude que tous les cardinaux de la terre et, peut-être dans les siècles à venir, tenterons-nous d'élucider le problème de la folie de nos sens, de cet accord des êtres, de la rencontre inégalée du glaive et de la source. Il y a là une science à créer, nous saurons un jour, je le crois, d'où jaillissent cet emportement chaotique, ces choix inopinés, ces rêves troubles, ces désirs, ces flammes et ces tendresses.

Hier, au cœur de la nuit, à l'instant de l'un de nos rares repos, une douceur m'est venue, si grande, pour cette putain que les rustauds bousculent, que des larmes ont passé le barrage de mes paupières. Sa main sur moi m'a semblé la plus légère, la plus pure que j'ai connue, et quelque chose qui était de l'amour divin était présent, là aussi, comme si l'élan qui monte vers l'ogive des cathédrales de la Chrétienté se retrouvait également dans le lit tourmenté de la fornication. Les paroles balbutiées qu'adresse la créature à son Créateur ne sont pas différentes de celles qu'adresse la femme en extase à l'homme qui la besogne. Oui, un jour, nous saurons que ce qui lève et enfle nos dagues de chair prend sa source ailleurs que dans les espaces de l'enfer, nous saurons remonter les faisceaux, les vaisseaux, suivre la trace du parcours, le chemin complexe des circuits, le rôle des humeurs, de nos reins, même de nos pensées s'exprimant dans la sève irrépressible qui clôt le combat.

J'ai eu cette vision près de Concha : l'homme est jeune encore dans ce monde, il avance des explications avec une faiblesse pour celles qui le satisfont, mais nous sommes des enfants perdus sur notre terre, des siècles seront nécessaires pour nous faire grandir, des génies écloront et notre savoir, par sauts sporadiques, s'agrandira, se contredira, des vérités tomberont... de morts d'hypothèses en certitudes détruites, nous irons de ruine en ruine vers la connaissance. Dans mille ans, peut-être saurai-je pourquoi cette femme m'a ému, pourquoi elle a fait lever en moi de telles tempêtes, jusqu'à cet équilibre imparfait où le désir d'avilissement se heurte au respect de la créature. J'ai dû t'aimer cette dernière nuit, Concha, quelques brèves minutes, mais si ardemment qu'elles ont valu des années...

Fantasque histoire des corps. Qui nous pousse ? Quel est cet instinct, cet élan, pourrons-nous, un jour, le mesurer ? Ne serait-ce point là, alors, sa propre mort ? Ne devons-nous pas préférer la réalité à l'explication de la réalité ?

La fille m'a occupé tout le jour l'esprit et j'ai pensé

à l'emmener en ces lieux où elle serait ma compagne. Il suffirait de quelques pièces d'or lâchées à son ruffian, ou d'une pistolade à bout touchant pour l'en débarrasser. Je l'imagine dans des habits de cour, vertugadin de velours castillan, dentelles flamandes et bagues vénitiennes. Pourquoi pas, si l'envie se maintient, si ne s'écoule pas une heure sans que je ressente en moi ce besoin de la prendre ? A l'inverse des pucelles fardées au blanc de céruse, grandies à l'ombre terne des palais, inexpertes en art de douce lutte, confinées au couvent et exhibant des lippes dédaigneuses, j'aurais là une putain, maniable, joyeuse, douce et qui, à l'occasion, pourrait, comme un soldat, manier le mousquet et vider l'intérieur des serpents du nouvel Empire. Une femme sans crainte de Dieu qui saurait, à chaque heure du jour et de la nuit, faire naître et calmer l'exaspération de mes sens.

Pas de quartier de noblesse pour la blonde putain aux dents blanches, je lui inventerais un nom : Concha aux cent mille hommes – Concha de Punatola[1] – Concha dix-sous, le prix de la passe. Et si bon me sied, Concha Torrentera, et je t'épouserais devant Dieu dans la plus grande cathédrale d'Espagne,

---

1. Quartier réservé de Salamanque.

dussé-je traîner, pour ce faire, quelque cardinal par le collet jusqu'aux marches de l'autel.

J'ai résisté à l'envie, alors que le soleil, enfin revenu, était au zénith, de courir jusqu'au bordel, mais un courrier est arrivé, venant d'Italie, et l'affaire m'est sortie de la tête comme du ventre. Piedracito passera me voir. Sa missive est peu précise, comme s'il avait craint que son messager ne parvînt point jusqu'à moi et tombât sous des yeux ennemis. Il en ressort qu'il a peur pour ma vie, ce qui ne me surprend guère, pour mes biens, ce qui m'étonne davantage, et pour mon nom, ce que je ne comprends plus du tout.

Que me veut-il ? A force de chuchotements sous les candélabres des couloirs qui serpentent dans l'Escurial, comme dans ceux du château Saint-Ange, son âme s'est courbée, incurvée, et forme des emmêlements de spirales. Cher vieux Piedracito, qui le guide ? Quel but poursuit-il, de murmures en murmures, de promesses en promesses ? Etre pape ? Sans doute, mais il m'a assuré que non, que les cartes étaient brouillées, que le pouvoir de Rome venait d'ailleurs : remarques bien incertaines ! D'où viendrait-il ? Pas de Constantinople. De la France ? Des banquiers lombards ? Du Doge ? Des Médicis ? Du Portugal ? De Madrid... L'écheveau n'est pas si difficile à démêler, et qu'ai-je à y faire ? N'étant mêlé à aucune affaire de couronne, fût-elle ducale, et encore moins de tiare, en quoi aurais-je mérité une quelconque vindicte ? Voilà le cadet de mes soucis.

Ce soir, Concha et moi hurlerons du plaisir des loups à travers la nuit de la ville. Il n'est de péché que fomenté par des âmes obscures et malsaines.

Il est bon de laisser la place à Torrentera. Dans chacune de ses idées, de ses intuitions, on serait tenté de dire – d'un mot qu'il aurait réfuté – de ses prédictions, une modernité éclate, une clairvoyance qui projette à chaque fois une clarté d'espérance que le siècle où il vit est bien loin d'entrevoir. Plusieurs siècles avant les sexologues, il pressent que le sexe sera sujet d'étude, une sorte de science qu'il appelle de ses vœux, mais dont il comprend et appréhende l'impérialisme, conscient que, transformée en problème, la magie du mystère disparaîtra.

Jamais autant qu'à travers ses écrits sur Concha, la fougue amoureuse de Torrentera n'apparaît avec autant de force. A-t-il eu avec cette prostituée une aventure qui dépassa la durée des quelques jours où il demeura encore à Salamanque ? Nul ne le sait. On ne trouve plus d'allusions à cette femme dans les fragments du journal qui nous sont parvenus.

Comme la santé éclate au long de ces pages ! Cela va loin et fort, jusqu'au meurtre, jusqu'au blasphème, voire au sacrilège. S'il envisage d'obliger un grand de l'Eglise apostolique à l'unir à une prostituée, c'est, on le devine, pour lancer un défi à l'obscurantisme, aux préjugés, à cette Espagne sombre, hautaine, à sa rigidité, à ses fastes dédaigneux, dont il sait que la richesse et l'éclat déclinant reposent sur l'aventure, qui s'achève, du mirifique empire des Indes : il a pu constater *in situ* sa disparition dans les fièvres, le sang, l'esclavage et la mort.

Un thème revient chez Torrentera, quasi obsessionnel, celui de l'impatience, de l'ennui.

Loin de ses hommes, de ses tribus, il est le chevalier inemployé qui épuise, à travers les arts auxquels il s'adonne, un trop-plein de force, de capacité, de talent.

Il apparaît parfois à travers ses écrits, mais c'est là une lecture, qui m'est personnelle, de la trame générale de son œuvre, qu'il se sentit d'abord un conquérant, ou plus exactement un créateur d'Empire, un chef de paix autant qu'un chef de guerre qui aurait soutenu les descendants des Précolombiens, héritiers de Montezuma et des princes des tribus andines, face à la couronne d'Espagne. Il aurait su, arrêtant l'oppression, le massacre et le pillage, créer un lien entre les deux civilisations et aurait fait des descendants de Charles Quint les maîtres de l'univers. Torrentera a, pour ce faire, adressé des requêtes, dressé des constats, proposé des politiques qui, jamais, ne reçurent de réponses. Dans quels méandres administratifs se sont-ils perdus ?

Tous les spécialistes savent qu'à l'instar des sociétés marxo-léninistes qui se dévoreront elles-mêmes par l'excès d'une classe bureaucratique pléthorique, l'Espagne des années 1650 connaît, elle aussi, une surabondance d'officiers de Chambre royale, dignitaires religieux aux ordres de la papauté ou poursuivant leurs propres intrigues, ministres soucieux de conserver un poste ou d'accroître une charge, courtisans, espions, conseillers occultes, tout ce monde filtre les nouvelles, qu'elles viennent des frontières européennes ou des terres lointaines, et ne laisse passer que ce qui ne contredit pas ses intérêts, réels ou supposés... A travers cette toile d'araignée qui s'étend sur le trône, cet entrecroisement de tous les appétits, ces fils tissés de trahisons et de mensonges, qui pourrait affirmer que les comptes rendus expédiés par Torrentera ont bien atteint leur destinataire ? La dilution des responsabilités, la prolifération des cabinets en charge des affaires d'outre-Atlantique ont dû arrêter la correspondance, soit au niveau de quelque officine subalterne, inféodée à des seigneurs tirant de confortables subsides du pays des mines d'or, ou, plus sûrement, à celui du cabinet impérial pour lequel la vision de Torrentera et ses critiques, sans doute véhémentes, sur l'ensemble de la politique impériale en Eldorado, ne pouvaient sans danger tomber sous l'œil royal.

Il n'est pas prouvé d'ailleurs que la conscience du Roi en eût pu être ébranlée, mais trop nombreux étaient ceux qui avaient avantage à ce qu'aucune vue généreuse, ni plan d'ensemble privilégiant l'avenir plutôt que les intérêts immédiats, n'effleurât la pensée du souverain que tous savaient influençable, capricieux et versatile.

Qui est Piedracito ? Le nom sent le sobriquet, « Petite Pierre ». Nul doute que Torrentera a le personnage en familiarité, voire en amitié. On se perd en conjectures sur son identité. Il s'agit évidemment d'un prêtre, et suffisamment haut placé dans la hiérarchie catholique pour envisager le trône de Saint-Pierre. Alors qui ? La liste des évêques, archevêques, cardinaux espagnols, durant la période qui nous occupe, est impressionnante, et nous n'envisageons ici que le clergé séculier, mais l'influence et l'importance des supérieurs des ordres monastiques étaient considérables. Piedracito dirigeait-il un évêché, un monastère, s'occupait-il d'un ordre mendiant, d'une congrégation à mission évangélique que Torrentera aurait rencontrée au cours d'un ou de plusieurs de ses séjours dans les terres inconnues ?

Nul ne peut le dire ; quelques hypothèses ont été avancées, la plus sérieuse repose sur le fait que ledit Piedracito est remarquablement renseigné, et les faits lui donnent tristement raison : assassinat, incendie de la demeure, dispersion des terres et, surtout, disparition des documents attestant le passage terrestre de notre héros, dont l'œuvre picturale et littéraire, et surtout les registres paroissiaux tenant lieu, à l'époque, d'état civil : l'homme ne peut être mort puisqu'il n'est jamais né...

Lorsqu'il délivre son message de danger à celui qui est, sans nul doute, son ami, Piedracito n'ignore rien de tout cela. Nous savons que l'ordre et le coup partiront de Rome, Piedracito est donc proche de ceux qui prendront la décision d'effacer Torrentera du monde des vivants, il les connaît, il vit dans leur orbite, on lui a fait des confidences, il a questionné, recoupé une information qui ne circule pas encore pour tous... On peut donc penser, entre autres, à Fernando Renatabal, duc d'Oviedo, ambassadeur à Gênes, dont on dit qu'il fut un habile négociateur et, de ce fait, apprécié de la papauté à qui il rendit l'insigne service de la mettre en relation avec les banquiers génois : ceux-ci, grâce à lui, desserrèrent les cordons de leur bourse et autorisèrent plus d'ampleur à la politique architecturale et artistique de l'Eglise.

Renatabal est-il pour autant Piedracito ? L'hypothèse, pour séduisante qu'elle soit, perd de sa vraisemblance si l'on sait qu'il n'est pas homme d'Eglise, qu'il restera diplomate jusqu'à la fin de ses jours qui s'achèveront en 1693. Torrentera est précis, si l'on reprend ses termes, lorsqu'il se demande si son ami désirait la tiare, il écrit : « Il m'a assuré que non. » C'est donc qu'ils en ont parlé, et à qui poser cette question, sans qu'elle soit absurde, sinon à un prêtre... Certes, Renatabal pouvait le devenir, pour un personnage tel que lui, être ordonné ne devait pas poser un très grand nombre de difficultés, mais ce sont, là encore, des suppositions. Jusqu'à ce jour, « Piedracito » garde son mystère.

Dix-sept pages du journal de Torrentera sont illisibles, ce sont celles qui suivent directement celles que nous venons de rapporter. On peut supposer qu'elles relatent son départ de Salamanque (peut-être ses adieux à Concha), et le voyage qui va suivre.

Sur une feuille que la moisissure a envahie, on peut déchiffrer quelques lignes. Elles vont sceller le destin de Torrentera. Tout va basculer en ce jour, plus exactement en cette soirée dont la date, une fois de plus, s'est effacée, comme si le temps lui-même, complice des hommes, avait décidé d'oublier les moments forts de la vie de Francisco.

Ces lignes, les voici, l'encre va pâlissant, les bords du vieux livre s'effritent mais les mots résistent. La plume a laissé une trace, presque une griffure, et c'est cette force avec laquelle les lettres ont été inscrites qui nous permet aujourd'hui de lire les phrases qui vont suivre.

Suite du journal

Il faisait nuit et elle s'est donnée.

J'ai écrasé un flambeau de ma botte, nous étions seuls dans le jardin. Nos yeux s'étaient croisés depuis moins d'une heure.

Elle achevait la première figure au bras du Roi dont je pensais qu'il ne dansait pas.

Ses ongles sur mon pourpoint ont fait un bruit de cigale.

Je l'ai aimée debout contre le mur du pavillon de chasse et jamais la nuit ne fut aussi nue.

J'ai respiré sur ses lèvres le souffle d'Italie.

Il m'a semblé que le...

La page manuscrite s'arrête là.

Désormais il n'inscrira plus que M. pour désigner cette personne, il n'aura donc jamais écrit son nom.

Une question s'impose à moi à la relecture de ces lignes : ce temps lointain fut-il celui des amours si promptes ? On pourrait penser à une lenteur, à une cour, à des échanges épistolaires, à toute une convenance galante, balisée par des rites fixés, et cela, même pour les liaisons adultères ou interdites. Le temps passant n'a-t-il pas édulcoré les amours, policé les mœurs, enjolivé les romances ? C'est possible. En tout cas, Francisco Torrentera brûle les étapes : de la fille de cabaret à M., il y a l'écart qui sépare la prostituée de la dame de cour, et il traitera l'une comme l'autre, à la hussarde comme à la tendresse, aucune des deux ne s'en plaindra. Courtois et audacieux, il est l'amant, le conquérant auquel on ne résiste pas, résistance parfois vaincue avec l'aide d'un parfum dont il usera, quelques gouttes derrière l'oreille d'un élixir de sa composition qu'il inventera. C'est alors la période la plus obscure de sa vie, celle où il semble se débattre entre chimie et alchimie, sans savoir où cessent les pouvoirs de l'une et où commencent les vérités de l'autre.

Dans un texte daté de 1660 que nous n'avons pas repris ici, car il offre peu d'intérêt, n'étant en fait qu'une longue liste de produits dont il évoque les combinaisons possibles et les effets olfactifs aussi bien que psychiques, il semble persuadé, à cette époque, de rapports quasi magiques entre l'odorat et le désir, le mot « philtre » revient parfois sous sa plume. Et on trouve dans les éléments distillés qui composent le liquide final non seulement ceux alors usités dans l'art de la parfumerie, essentiellement le musc et le santal, mais également un grand nombre d'écorces, de racines, de plantes médicinales, dont la salsepareille et les fleurs de mauve. Voici une nouvelle corde à l'arc de Torrentera... Séduction du personnage ou philtre d'amour dont sont encore emplies, en ces années, les arrière-boutiques des apothicaires de village, plus sorciers que pharmaciens, le résultat est là : M. a succombé d'entrée au beau Francisco.

Désormais, elle va occuper et conditionner le reste de sa vie, et causer indirectement sa mort.

Une remarque s'impose : si la conquête est instantanée, il n'en faudrait pas déduire que les amants d'un soir vont vivre un amour sans rebondissements, drames ni ruptures. Si M. s'est offerte, M. se reprend, se redonne, fuit, revient ; de poursuivie, elle devient poursuivante et on peut se demander si ce n'est pas une illusion rétrospective de penser que le triomphe immédiat de Torrentera clôt l'intrigue avant qu'elle ne soit née. Nous avons trop tendance, hommes du XXe siècle, à penser qu'ayant possédé M., il ne reste plus au séducteur qu'à rejeter la possession. C'est mal connaître les subtilités et les complications de l'époque où le contact physique n'est pas le terme de la relation amoureuse, en tout cas l'est moins qu'aujourd'hui. Tout un ensemble de textes représentatifs de la littérature du cœur, essentiellement poétiques, montrent au contraire que l'essentiel est l'aveu, plus que l'abandon charnel : c'est le thème du murmure, du chuchotement, scellant l'accord entre les âmes avant de devenir serment.

Nous sommes encore, dans ce XVIIe siècle européen, dans un monde où, malgré la rudesse et souvent la violence des rapports, le « dire » apparaît plus important que le « faire ». Avant tout, l'acte d'amour est affaire de parole, et dans la plupart des légendes, récits et histoires amoureuses qui fleurissent alors dans l'Europe méditerranéenne, et qui sont les lointains ancêtres de notre presse du cœur, on voit bien que l'essentiel, pour chacun des amants, est de tester, non la fidélité, mais la sincérité de l'autre. « Ne m'a-t-il pas menti ? Ne s'est-il pas trompé lorsqu'il m'a dit qu'il m'aimait ? », telles sont les vraies questions.

S'il a donc brûlé les étapes, Torrentera n'en a pas fini pour autant avec son histoire d'amour. Dans l'unique brouillon de lettre adressée à M. et retrouvé, on s'aperçoit que les reproches et les plaintes qu'il adresse à sa maîtresse tiennent tous au fait qu'elle se tait. C'est à son silence qu'il s'attaque, elle s'offre à lui, ils font l'amour, mais le temps de l'aveu n'est pas encore venu, peut-être n'a-t-il jamais eu lieu. Les interdits, les barrières touchent alors plus au monde de l'expression orale qu'à celui de l'accomplissement sexuel.

Torrentera, grand briseur de tabous, se heurte ici

à un ennemi de taille : M. est dans son lit, M. est une maîtresse parfaite et M. garde sa vertu pour la simple raison qu'elle n'a pas parlé.

Le temps est venu, avant de redonner la parole à Torrentera, de se poser la question : qui est M. ?

Une première note : il est curieux de constater combien les historiens, lorsqu'ils s'intéressent aux amours clandestines des siècles passés, ont tendance, même les plus sérieux d'entre eux, à ressembler à des journalistes de la presse people en mal de scoops croustillants et d'extravagances... Il doit être en effet aussi excitant, sinon davantage, de découvrir en l'an 2000 que telle top model entretient une liaison avec tel footballeur, que de révéler que tel prince régnant avait, et cela en plein XVIIe, une idylle suivie avec la mère supérieure d'un couvent...

Les hypothèses n'ont donc pas manqué. Pour brûler nos vaisseaux, disons qu'aucune d'entre elles n'apparaît concluante. Uniquement, sans doute, pour une raison simple : Torrentera l'a voulu ainsi. Si l'homme ne cache rien de lui-même, de ses pensées, de ses idées, de ses désirs, s'il évoque Dieu, l'Eglise, la politique, de telle manière que le plus indulgent des descendants de Torquemada aurait eu, longtemps auparavant, matière à le faire brûler cent fois sur les bûchers foisonnants des Rois catholiques, Francisco, avec un soin scrupuleux, conserve dans ses écrits l'anonymat de ceux qu'il aime, cela étant aussi vrai de Piedracito que de M. et de bien d'autres...

Indifférent à ce qu'il pourrait lui arriver si ses écrits tombaient entre des mains ennemies, il s'interdit de faire courir le moindre risque à ses amis, a fortiori à ses amours. N'oublions pas que, si la fréquence des exécutions s'est ralentie, ce n'est qu'au milieu du XVIIe siècle que les bûchers des sorcières disparaîtront.

L'identité de M. nous restera donc inconnue... on a cependant songé à Marie Mancini.

Il est vrai que les dates peuvent correspondre. L'initiale M. aussi, mais est-ce suffisant ? Il est possible que la future princesse Colonna se soit rendue en Espagne alors qu'elle avait dix-sept ans, mais est-ce bien elle qui se donne à Francisco dans la chaude nuit madrilène ? Celle qui sera le grand, et sans doute l'unique, amour du Roi-Soleil a-t-elle aimé Torrentera, est-ce sa bouche qui exhala ce « souffle d'Italie », ou celle d'une autre ? Est-ce à elle que s'adressent ces lignes écrites dans le long hiver de l'an 1661 qui recouvre la sierra Morena d'une neige si épaisse que les loups s'y engloutissent ? Nul ne le saura jamais, tant pis pour notre soif de connaissance, tant mieux pour le mystère. Que chacun donne à cette femme qui sut faire naître une telle passion le visage qui lui convient, le visage tissé dans la toile de nos rêves.

Lettre

Novembre 1661

La tempête a balayé les crêtes toute la nuit, la neige a blanchi le coin de chaque fenêtre, et j'ai pensé que vous auriez aimé ce spectacle. Pourquoi une tristesse m'est-elle venue en songeant que nous ne vîmes jamais ensemble ces paysages ? Le cirque des montagnes s'est engoncé dans une fourrure glacée, et des milliers de diamants scintillent. Oui, vous auriez aimé... Que de spectacles non partagés, Madame, et il m'en vient à chaque fois une désolation, le plus souvent une souffrance. Un Te deum *à la cathédrale, un chant de berger dans de lointaines collines, et votre absence se fait obsédante douleur... il suffit parfois d'un papillon dans le soleil, hier soir c'était la danse des flammes dans l'âtre. Rubolino, qui craint le froid, y brûle des arbres entiers, je ne saurai jamais comment ce nabot soulève de tels troncs. Voici donc à nouveau un hiver sans vous : je suis certain que cette saison vous va, je vous devine frileuse, enfouie dans des épaisseurs de manteaux, votre nez rougit-il sous l'effet de la bise ? Je le crois, je suis sûr que cela vous sied : j'ai rêvé longtemps d'une femme dont le gel rendait la narine cramoisie, il s'agit de vous évidemment... je vous devine furieuse, frottant votre appendice en prétendant que cela est faux, qu'il est resté pâle. Allons, ne vous fâchez pas, ou que ce soit pour me faire rire davantage, à l'occasion d'une de ces fausses colères, comme vous aimez les susciter lorsque vous voulez me ravir, et que vous savez qu'elle fondra entre mes bras.*

J'ai galopé longtemps aujourd'hui bien que mon cheval enfonçât jusqu'au poitrail, les chemins ont disparu, effacés par la neige, et je me croyais égaré lorsque j'ai reconnu, au pas de l'Homme-Mort, l'entrée de la vallée. Je me suis arrêté un instant pour laisser souffler le hongre, et j'ai senti votre présence contre moi. Vous montiez en croupe, vos bras enserrant ma ceinture, et votre joue s'écrasait sur mon dos. Je vous ai parlé. M'avez-vous entendu ? Je ne retrouverai pas les paroles que les flocons ont ensevelies, aussitôt prononcées... Voici qu'en ces déserts de rocaille, des mots d'amour enneigés se sont déposés, ils y resteront enfouis jusqu'au dégel, jusqu'au printemps. Lorsque tout sera fondu, ils se réfugieront dans quelques fleurs sauvages, et murmureront mon amour pour vous entre leurs pétales. Un cavalier à l'oreille attentive les recueillera peut-être, et vous les rapportera : en les écoutant, vous saurez alors combien je vous ai aimée.

La vie est rude ici, je ne m'en plains pas. J'ai beaucoup travaillé ces temps derniers malgré mes doigts qui s'engourdissaient autour des pinceaux lorsque le froid montait. Je pense à vous, je pressens des salons illuminés, le tournoiement de votre robe, le froissement de la soie, votre pied brodé sur la mousse des jardins, j'entends votre rire, une chanson parfois, vous la chantiez l'été dernier : il y était question d'une tombe et d'une reine navrée, je ne sais plus. C'était si triste que nous en avions ri, trop de malheurs accumulés avaient déclenché notre hilarité.

Mais je ne veux pas jouer plus longtemps au jeu des « souvenez-vous »... Nous n'en finirions pas avec la mémoire. Le temps de l'oubli viendra, peut-être un jour perdrai-je jusqu'à la couleur de vos yeux... votre visage, votre corps iront s'effaçant. Une silhouette imprécise disparaîtra peu à peu de mon cerveau embrumé. Quelle est donc cette femme qui s'éloigne ? Je devine quelque chose de familier encore dans sa tournure... aurions-nous été proches ? Adieu, belle dame, la fête est achevée, il ne reste rien derrière le rideau tombé, tout juste un décor qui ne m'évoque plus rien.

Pardon, mon bel amour, de cette tristesse qui m'est venue avec ce nouveau soir qui s'installe. Voici le vent revenu et, à force de jours répétés, il me semble que cet hiver n'en finira pas, que nous ne reverrons jamais, entre les pics, l'azur éclatant du manteau de la Vierge. Jamais je n'ai senti mon âme aussi vide, les courses dans le vent et le poids des nuits de glace ne la remplissent pas, même la fatigue me fuit.

Viendrez-vous un jour ? Le front rude des sierras sait se faire tendre avec l'éclosion des premières fleurs et le renouveau des fougères. La vie, Madame, la vie revenue, verte et forte comme l'aguardiente qui vous brûlait la gorge il y a si peu de temps, dans les tavernes de mauvais chemin : venez la goûter ici, nous galoperons de concert, jusqu'aux ultimes confins de la terre, et nous serons alors les maîtres d'un univers déployé ! Mais, non, vous ne viendrez pas, comment pourrait-il en être autrement ? Il faudrait être fou pour tenter l'aventure, qui le pourrait ?

Adieu, Madame, encore une fois. Lorsque vous lirez ces lignes, le vent aura faibli, une douceur sera venue, et j'en respirerai les effluves, comme dans ces matins de gloire où je me suis enivré des fragrances que la nuit secrète avait déversées, dispersant en vous et sur vous toutes les essences des prairies du monde.

Francisco.

Cette lettre est étonnante dans la mesure où éclate un romantisme que ne désapprouveraient pas les poètes enflammés, les émules de Chateaubriand qui incendieront peinture, musique et littérature, dans la seconde partie du XIX® siècle. Plus maître de lui, Torrentera évite cependant les torrents de larmes et pleurnichements qui accompagneront un siècle plus tard les souffrances du jeune Werther, et sa longue lignée de suicidaires.

Pas d'apitoiement, pas de prière : Francisco galope dans la rude montagne d'hiver, et s'amuse du nez rouge qu'aurait eu M. sous les frimas, ce genre de notation, gentiment narquoise, n'obtiendra pas droit de cité lorsque déferleront les hordes d'amoureux transis sur les plateaux de théâtre et les rayons de bibliothèque.

Mais assez d'explication de textes, exercice dévolu aux professeurs en mal de pédagogie et de certitudes : qu'importe que Torrentera soit ou ne soit pas en avance sur son temps, le propre des génies étant d'y échapper. Que nous dit-il ? Qu'il trompe les heures en parcourant à cheval l'âpre montagne endormie dans une saison de glace, qu'il se souvient d'elle, qu'il peint, qu'il la veut, qu'il l'espère, qu'il l'attend. Sans afféterie, il traduit sa peine, sa solitude, son amour, et, ce qui paraît ici plus important que les affaires de style et la technique de prosodie, c'est que pas un nom, si l'on excepte celui d'un serviteur, n'est prononcé, ni de personne ni de lieu. On ne peut savoir, à la lecture de cette missive, ni où se trouve Torrentera, ni surtout qui en est la destinatrice. Cela correspond à une volonté délibérée de l'expéditeur car, on ne l'ignore pas, le XVIIe siècle ne connaît pas l'enveloppe, l'adresse se trouve sur le dos du pli fermé par un cachet de cire. Or l'examen de la lettre ne porte aucune trace d'indications de ce genre. Le messager seul est dans la confidence, la lettre, perdue ou volée, ne livrera rien de l'identité ni du domicile de celle qui l'attend.

Espagne ? France ? Italie ? Nul ne peut le savoir. Torrentera évoque une vie mondaine, des bals, des robes, des jardins, mais sont-ils ceux des Tuileries, de Bologne ou d'un palais andalou ? Pas un indice !

Que craint donc Torrentera à cette époque ? A-t-il eu conscience que les avertissements de « Petite Pierre » ne devaient pas être pris à la légère, l'a-t-il seulement rencontré ?

Suite du journal

11 juin 1661
Etonnante remarque que m'a faite hier soir Ernesto. Nous avions bu trop de vin épais, rouge comme un sang caillé. En ces cas-là, il se vante de faits d'armes. Ce sont le plus souvent des querelles de cabaret, vidées à coups de tabouret et de broche à rôtir où il est le plus souvent vainqueur, tout cela est lassant, et je m'ennuyais ferme lorsqu'il a eu cette phrase : « Le gagnant est celui qui désire le plus tuer l'autre. » Cela m'a fait me souvenir de mes duels. Ai-je dû mes succès à ce coup fouetté en contre-quarte avec lequel je les ai, à peu près tous, terminés ? A une maîtrise plus grande de mes nerfs ? En fin de compte et à la réflexion, non. J'ai dû, sans m'en rendre compte, abolir en moi le pire qui puisse survenir dans l'esprit d'un combattant : la crainte d'un remords futur.

Pas de pire ennemi que la tentation de la mansuétude, c'est elle qui étreint le bras et l'affaiblit, en force comme en rapidité.

J'ai oublié jusqu'aux noms des hommes que j'ai tués, je ne me souviens ni de leurs traits, ni de leurs habits, ni même des lieux où ces duels se déroulèrent, mais je reconnaîtrais le regard de chacun.

Etrange que l'on n'apprenne pas cela dans les salles d'armes, même Ferrante ne m'en a jamais parlé. C'est dans l'œil de l'adversaire, lorsqu'il sort la lame du fourreau, que l'on peut lire sa mort ou celle de l'autre : avant que ne se produise la première passe, tout est dit, tout est joué.

Je n'ai jamais douté de ma victoire, qu'elle fût au premier ou au dernier sang. Un battement de paupières, une baisse de force dans la fixité des pupilles trahissent le vaincu, tout le reste est technique, le fer, tel un membre nouveau, s'exprime seul. Certains d'entre eux étaient de bons duellistes, mais ils ne m'ont pas haï assez pour trouver l'ouverture qui m'aurait cloué au sol. Je le savais, et sans doute le savaient-ils... Dans la violence des échanges, dans les parades et les attaques, quelques grammes de trop alourdissaient leurs rapières, ce poids superflu s'appelait le respect de la vie, rares sont ceux qui s'en débarrassent en l'instant opportun. J'étais, je suis de ceux-là...

Ferrante a dû sentir cela qui ne s'apprend ni ne se lègue : il n'existe pas de métier des armes, il n'y a que des techniques de meurtre... Un duel est sans grâce, sans règle, sans honneur. J'ai vu la peur déformer les visages, les jambes trembler, les larmes et la pisse couler.

Que croyez-vous donc, gentilshommes ? Que l'escrime est un art élégant ? que l'on y accomplit des entrechats de danseurs ? A Séville, le long de la promenade, j'ai tué un marquis. Il avançait tel un taureau de combat, frappant en faucheur. Je l'ai touché à la cuisse, un coup de pointe léger, la piqûre d'un dard de moustique. Il est tombé comme un mur sous le canon, l'extrémité de ma lame était à peine tachée de sang. Il avait lâché son arme, une rapière tolédane à coquille sertie qui brillait dans l'herbe de l'aube. J'ai pensé avoir atteint un endroit vital, un centre paralysant, et je me suis approché en lui demandant s'il comptait mourir là... Toujours couché, il a dégagé son bras replié dans son dos, je n'ai eu que le temps de lever ma botte, et la lame d'une main gauche pour duel à deux épées en a traversé la semelle, pour ressortir sous la boucle. Inutile de dire qu'après cette traîtrise qui m'a valu depuis une légère claudication je l'ai proprement égorgé, à cheval sur sa poitrine.

Voici un problème auquel les gens de science pourront à l'avenir répondre : l'issue d'un combat entre deux hommes étant établie avec certitude à travers ce désir invincible de tuer, la rencontre elle-même ne devient-elle pas superflue ?

J'ai lustré les cuirs, j'aime l'odeur de suif, de graisse, et les reflets fauves des baudriers qui s'assouplissent sous le chiffon. J'ai vérifié les pistolets, les silex, les pierres et la poudre. J'ai redressé le fil de mes poignards.

Eh bien, chère M., est-ce à une fin que nous en venons ? Nos joutes si joyeuses, si débridées, pourraient donc se conclure par, de votre côté, une vie recluse et, du mien, un triste cadavre cent fois lardé par de fébriles spadassins ? Une cellule et un tombeau : voilà une bien sinistre conclusion à une bien belle histoire, le public n'aimera pas et trouvera l'auteur beaucoup trop porté sur les cordes basses et l'amour du tragique. Il aura raison, cette fin ne nous va pas, mais à qui le cloître convient-il ? Qui la mort satisfait-elle ? Nous méritions mieux, belle dame, il nous eût fallu plus de fastes et de sérénades, plus d'oreillers en dentelles, plus de flambeaux, plus d'éclat sur vos parures et vos ferrets, plus de salive sur vos lèvres, plus de ciel et de splendeurs multiples, répandus autour de nous... plus de chambres, plus de matins, plus de musiques, plus de miels, de vins et de rubis. Bonheur est un nain perdu dans une montagne inconnue, me racontait une vieille servante, j'ai galopé longtemps et partout, mais je ne l'ai pas trouvé dans le Nouveau, ni dans l'Ancien Monde...

A l'inverse, j'y ai croisé bien des larmes, et bien du sang. Il me semble, cependant, et c'est pourquoi je m'ingénie ce soir à faire flamboyer l'acier de mes armes, que nous aurions pu ensemble, chevauchant à l'improviste, découvrir une cabane au fond d'un bois profond, vous auriez poussé la porte et, lorsque vous vous seriez retournée vers moi, j'aurais compris que vous, la première des femmes, aviez découvert la cachette du gnome, dont le sourire, défaisant les nuages, verse dans le cœur le miel des félicités...

Mais vous n'avez, mon pauvre amour, poussé aucune porte et il me faut courir, pour quelque temps encore, de ville en ville avec poudre sèche, chiens levés et lourd estoc...

J'ai envoyé une lettre pour prévenir M., elle n'est, sans doute, pas encore arrivée. Prends garde, prends garde à la menace, la main qui est sur nous peut masquer le soleil, et les puissants savent utiliser le nom de Dieu, appelant couvent ce qui est prison.

L e Ferrante dont il est question, et l'Ernesto du début de cette page en date du 11 juin 1661 ne forment qu'une seule personne, celle d'Ernesto Ferrante, reître stipendié au service d'un grand d'Espagne, tueur patenté, et qui mit, à plusieurs reprises, son talent au service de l'Eglise.

Torrentera raconte leur rencontre dans un cabaret de Barcelone. Ferrante se présenta comme prétendant au titre de duc de la maison d'Aragon et, prétextant que le regard de Francisco avait suivi le déhanchement d'une maritorne sur lequel il affirma avoir jeté son dévolu, il se considéra comme offensé, et les deux hommes tirèrent l'épée dans la cour arrière, au milieu des poules et des canards. Il ne fallut que quelques secondes à Torrentera pour se rendre compte que l'homme était un professionnel.

A la troisième attaque, Ernesto utilisa la botte napolitaine de Beppo Schiaffone : de sa main gauche dont le gant était recouvert d'une protection métallique, il saisit la lame de son adversaire et la tira violemment vers lui. D'ordinaire, les duellistes offrent une résistance et se cramponnent à la poignée de leur arme. Il n'en fut rien cette fois, et Ernesto se retrouva sur le dos, les quatre fers en l'air, une colichemarde dans chaque main, l'une à l'endroit, l'autre à l'envers, et la pointe d'un poignard sur la gorge.

Ernesto fit bonne contenance, il ne pria ni ne supplia, et il affirma que c'était bien la première fois que les traîtrises de maître Schiaffone ne lui apportaient pas un triomphe rapide. Son geste fut celui d'un gentilhomme : n'ayant pu accomplir la tâche pour laquelle il avait été payé, il renvoya la bourse, diminuée de la somme dépensée pour le voyage depuis la bonne ville d'Avignon où il avait été contacté par un père capucin. Le religieux, tenu par le secret, ne lui avait pas révélé qui était à la source de la commande, nous dirions aujourd'hui du contrat.

De nature joyeusement désespérée, Ernesto comprit qu'il eût été inutile de remercier longuement l'homme qui l'avait épargné. Les deux compères, couverts de purin et de fiente, revinrent à l'auberge, commandèrent une série impressionnante de cruchons et, bien que Torrentera usât à cet égard de son habituelle discrétion, on peut déduire des quelques phrases qu'il consacre à cet épisode, qu'ils se partagèrent la servante, cause fallacieuse de leur querelle.

Ernesto dut juger, avec raison, qu'un tueur à gages qui ne revient pas avec la tête de sa cible dans ses fontes éprouvera quelques ennuis et, en particulier, quelque peine à retrouver du travail, les réputations, en ce domaine comme d'ailleurs dans d'autres, se faisant et se défaisant à forte vitesse. Il décida donc de devenir – et cela dura jusqu'à la mort de Torrentera – son serviteur doublé d'un garde du corps appréciable.

Que se passa-t-il, le soir de l'assassinat de Francisco ?

Nul ne le sait.

Ernesto Ferrante était-il présent ?

S'il l'était, de quel côté se tenait-il lorsque les lames sortirent des fourreaux ?

On peut en effet penser à une trahison de la part d'un homme que les scrupules n'ont jamais dû étouffer. Ou a-t-il disparu, mort peut-être, pris dans l'enfer d'une embuscade au cours d'une nuit sans lune ? En tout cas, à l'instar de son maître, on ne retrouvera pas trace du bretteur avec lequel Francisco semble avoir lié une amitié solide, de celles qui naissent entre deux hommes qui s'apprécient pour leur courage plus que pour leurs pensées, pour leur sens de l'honneur plus que pour leur intelligence, pour leur volonté plus que pour leurs calculs, et pour la chaleur de leurs rires et de leurs regards plus que pour la teneur de leurs paroles.

Personnellement, je pense à un double assassinat dans la nuit madrilène. J'aime à croire qu'Ernesto devint l'ami de Torrentera, qu'il le resta jusqu'au bout, jusqu'à la mort, loyalement, en soldat de bonne fortune. Ce n'est, bien entendu, qu'un vœu pieux, une série impressionnante de scenarii hollywoodiens m'ayant laissé le goût du mythe éculé, mais toujours vivace, du serviteur à l'indéfectible fidélité, dévoué au maître jusqu'au sacrifice, mythe qui va de la nourrice de Ben Hur à l'écuyer de Zorro. La littérature n'est pas en reste dans l'usage de ce thème, de la grande Nanon de Balzac au « Cœur simple » de Flaubert, on n'en finirait pas d'aligner les exemples auxquels Alexandre Dumas échappe en partie : on voit mal Planchet mourir pour d'Artagnan.

Ernesto Ferrante est-il plus du côté de Balzac que de Dumas ? Nul ne le saura sans doute jamais.

Les jours ont passé, la trajectoire s'achève. Le fil qui s'est tendu va se rompre bientôt, et Torrentera sait qu'il n'échappera pas longtemps à ses persécuteurs. Quelques remarques le font sentir : sa fuite n'empêchera rien, et il interrompra souvent son voyage à travers l'Europe par des arrêts, et même des séjours dans des couvents, des abbayes, chez des luthiers et un organiste de la bonne ville d'Avignon.

Il est difficile d'établir une carte exacte de son périple, qui ne semble obéir à aucun plan précis. Cherche-t-il à se rapprocher de M. ? Va-t-il se cacher en Haute-Provence en fonction d'informations qu'il aurait reçues et qui ne nous sont pas parvenues ? En tout cas, durant cette période qui sera la dernière de sa vie, il semble consacrer l'essentiel de son temps à la musique, plus sans doute aux réflexions qu'elle lui suggère qu'à la composition ou à l'interprétation. Etrange personnage traversant un monde aujourd'hui disparu, pénétrant dans des forêts épaisses, des vallées sauvages, des villages disséminés : le monde sent encore son Moyen Age pas si lointain, la vie a si peu changé depuis quelques siècles... les femmes vont à la fontaine et au lavoir, les hommes sont aux champs pour un travail que le temps paraît avoir figé dans sa monotonie répétitive, labours, semailles, moissons, labours, semailles, moissons. Torrentera écrit, à la date du 2 janvier 1662, cette phrase qui fait de lui le précurseur de toute la musique moderne : « La musique a, dans le monde infini des sons, inventé une geôle sublime dans laquelle elle s'est enfermée elle-même. »

Nous reproduisons ici l'essentiel des pages de janvier 1662. On en appréciera d'autant plus le génie si on en connaît les circonstances où elles ont été écrites : Francisco, loin de celle qu'il aime et que son éloignement protège, a la mort sur les talons. Il rédige ces lignes alors que toutes les orgues de la Chrétienté grondent en ce dimanche, le premier de cette année qui sera la dernière que vivra Francisco Torrentera.

Suite du journal

2 janvier 1662
L'idée m'en est venue par la rencontre d'un souvenir et d'un savoir-faire, elle s'est imposée simplement : nous avons limité la musique aux sonorités que peuvent produire les instruments que nous concevons selon des règles strictes.

Nuit du Nouveau Monde... je n'y avais pas suffisamment prêté attention, mais j'ai, hier, au milieu d'un rêve, entendu une fois encore le roulement des tambours indiens le long du fleuve, le sifflement des flûtes de guerre : n'y avait-il pas là autant de musiques que celles écrites par nos petits abbés ?

Allons plus loin car, si nous nous arrêtions là, il s'agirait toujours d'instruments... Au cours de ces mêmes nuits, l'espace se peuplait, se laissait envahir par des bruits qui s'accordaient, se cassaient, luttaient dans une étreinte incessante. Crapauds, bruissements de vent dans les feuilles, grouillements dans les racines, déploiements d'ailes, cris lointains ou proches de rapaces, feulement de fauves... Si nous sortons des maigres grillages de nos portées derrière lesquelles étouffent d'identiques notes, et si nous pensons la musique comme l'émotion qui naît de l'oreille, combien étroites, combien étriquées sont nos œuvres. Nous en sommes arrivés à ignorer ce que nous ne savons emprisonner et reproduire, et aucun musicien n'a su enfermer le ressac de l'océan contre la coque des nefs aux voiles tendues, la plainte des cormorans dans la nuit marine, le rire d'une femme au bras d'un tendre galant : nous avons limité la musique aux chœurs des cathédrales, aux salons des princes de ce monde et aux parquets des opéras... Mais le souffle des symphonies est ailleurs, il est dans la tempête qui meurt, dans le matin des oiseaux, dans la grande faim des loups.

Le jour viendra où nous saurons dompter ces sonorités, les marier, les amplifier, les réduire, nous serons alors les maîtres des bruits, mais, pour l'instant, ce que nous appelons la musique a, dans le monde infini des sons, inventé une geôle sublime dans laquelle elle s'est enfermée elle-même, sublime parfois, et aussi ennuyeuse, prétentieuse, gonflée, hypertrophiée, bedonnante et hautaine, car il en est d'elle comme de ceux qui l'inventent, et la jouent, elle peut posséder leurs défauts, leurs qualités, qu'elle reflète aussi fidèlement qu'un miroir...

J'ai cette impression, depuis quelque temps, d'avoir eu à ma disposition si peu de moyens, j'ai senti cela à Cancún devant le clavier, les tuyaux semblaient grimper jusqu'au ciel, une immense machine aux puissances étonnantes, dont je savais pourtant que, malgré sa démesure, elle n'était qu'un jouet entre mes mains, un jouet limité, médiocre au regard de l'univers prodigieux des bruits... Si, en fin de compte, un dieu a créé le monde, il l'a créé bavard, bruissant, cacophonique.

Je pense plus sérieusement que la matière, dont nous sommes le produit, par ces frôlements, ces heurts, ces glissements, ces mouvements qui sans cesse l'agitent, crée la grande mélodie du monde que l'habitude nous interdit d'écouter. Notre attention se tend vers les sautillements de la villanelle, les roucoulements de nos ténors, alors que dehors, loin de ces afféteries enrubannées, le souffle ronflant du crépuscule court sur les pierres chaudes des sierras, et l'écho renvoie, de falaise en falaise, le cri lointain d'un oiseau inconnu qui sera, jusqu'à ce qu'il s'éteigne dans le fleuve du silence, le profond mystère du chant du monde.

C'est loin des concerts et des maîtres de chapelle,

seul avec mon cheval, surplombant le cirque des montagnes, que mes larmes ont coulé, car j'ai entendu là une musique venue de mondes différents, celle qui, se propageant, laissait présager d'autres temps, d'autres lieux, équilibre magique entre désespoir et espérance... Cri d'amour ou note d'effroi, en ces moments suspendus, jamais vous ne fûtes, Madame, plus proche de moi : il eût suffi que je tende la main vers les nuées pour qu'elle rencontrât la douceur de votre visage.

3 mars 1662
Il est un ciel propre à la France.

Les paysages et les dessins sans cesse changeants des nuages contribuent-ils à modeler nos âmes et ces régions plus épaisses de nos crânes d'où viennent nos pensées et nos actes ?

Il me semble que, nés sur les bords de ce fleuve, les êtres qui y demeurent possèdent tous quelque chose en commun que l'on ne retrouve pas chez les hommes et les femmes des rives du Guadalquivir ou du Tage. Une douceur flotte en eux, imprécise, leurs idées me semblent refléter les soirs de lumière grise sur les sables et les îles qui se succèdent de la source jusqu'à la mer. Je ne retrouve pas la violence et la rudesse des gens d'Espagne, comme si les chaleurs brutales et les glaces de l'hiver laissaient leurs empreintes dans leur vie et leur façon d'être...

Tout est différent ici, nous sommes si proches mais tout nous sépare, nos yeux d'Espagnols captent la tragédie du monde et s'y affrontent, alors que les Français apprivoisent le destin, la vie leur est un chien parfois menaçant dont ils savent apaiser le grondement annonciateur de possible colère. Nous tuons les taureaux et ils nous tuent, alors qu'eux les regardent courir dans la prairie en escomptant le nombre de saillies qu'ils pourront en tirer. Nous sommes magnifiques et ridicules, superbes et outranciers, ils sourient, sereins et aimables ; nos rivières et notre sang rugissent, les leurs coulent : leur plénitude est totale.

L'hiver n'a pas montré le coin de sa cape. Hier soir, le comte et moi avons poussé nos chevaux un peu après Saumur. Notre amitié grandit avec les jours qui passent.

Il s'ennuie, cela se sent, cela se voit malgré son inaltérable courtoisie. Il a fait venir deux filles de l'une des borderies de la région tout spécialement à mon usage, je l'en ai remercié, et nous avons à cette occasion parlé de choses plus intimes. Il a eu vent de mes ennuis, sans avoir cependant aucune idée de leur importance.

Je vais, suivant comment tourne le vent, laisser chez lui mon bagage. Il tient à présent en peu de choses, mais j'y suis attaché, surtout aux partitions. Il ne me refusera pas ce service et saura trouver la cachette.

Paris ne le tente plus guère, je lui ai proposé de m'accompagner à Madrid dont il a conservé un souvenir très vif. C'est là qu'il a connu mon père. Mais le temps semble l'avoir vaincu : les murs et les rives qui ferment la propriété dessinent son tombeau et il n'éprouve plus le besoin de s'en échapper ni de le fuir. Cela s'appelle vieillir.

Mon Dieu, que ce livre sera différent de tous ceux que j'ai pu, jusqu'à présent, commettre ! Une ombre permanente plane sur ces pages, si noire, si immense, qu'elle m'interdit le plus souvent de prendre la plume. J'aurais parfois envie d'interrompre, de prendre la parole entre deux chapitres, deux lignes, de donner une explication, placer une remarque, un commentaire : à quoi bon ! Qui explique les géants ?

Francisco Torrentera est tout ce que je n'ai pas été, peut-être tout ce que j'ai voulu être, sans oser me l'avouer à moi-même : le voyageur, le chef militaire, le justicier, l'amant, le génie, le martyr... Comme, depuis sa rencontre, ma propre vie me semble rectiligne et encombrée d'occupations dont le but unique est peut-être simplement de lutter contre l'ennui ! Dans toutes ces pages qui encombrent ma table, pas une plainte, pas une amertume : une vision du monde s'offre, le plus souvent généreuse, large, humaniste. Malgré l'époque, malgré ce qui pèse encore au fond des cœurs des hommes de ce temps, pas une seule fois il ne se laissera aller à une habitude, une tradition, une opinion admise, jamais il ne s'appuiera sur un savoir préconçu, jamais il n'acceptera de renoncer au libre usage de sa raison et de sa fantaisie. Torrentera ou l'idéal de clairvoyance... Il faudrait multiplier les exemples pêchés au fil des pages : en 1648, alors qu'il n'est qu'un jeune homme, il déclare : « Je ne suis pas un vrai peintre, et cela pour deux raisons opposées : je ne suis pas en contradiction avec la peinture de mon époque, et je ne la représente en aucune façon. »

Cette pensée, on la rencontre souvent appliquée à toutes sortes de domaines : seul le Rebelle laisse sa marque dans l'Histoire, le Rebelle ou celui qui représente le mieux, le plus fort, puisqu'il le porte jusqu'à l'incandescence, le courant dominant de son temps. Le rêve est toujours le même : être le Révolté, ou le symbole du siècle avec lequel il s'identifie. Tout le reste est fugacité ou suivisme...

Sans cesse, Torrentera courra après ce double but. Il y a fort à parier que, malgré l'humour du personnage, le constat d'échec qu'il dressera, à intervalles relativement réguliers, de son rôle social et politique, fera de lui un être profondément désespéré. La fière ambition qui fut la sienne, redonner un lustre universel à la couronne d'Espagne, ne put jamais se réaliser, il n'accepta jamais de plonger dans la mêlée, de se fondre dans les intrigues, et de se perdre dans les méandres des conflits d'intérêts. Il eut tort peut-être, mais nous le préférons ainsi pour la légende : au-dessus, toujours ailleurs, au galop sur les chemins d'Europe ou d'Amérique, un pinceau à la main, une épée au poing, composant devant un clavier, une femme au creux de ses draps, et, au cœur, trop d'amour pour gagner le repos.

Laissons-le parler à nouveau, livrons les pages en vrac, c'est la moindre des politesses pour des biographes que de se taire, c'est bien le moins qu'ils puissent offrir à celui qu'ils exhument parfois d'un si long et si total oubli.

Un mot encore.

Les grands choix, les grandes amours se décident, n'éclatent qu'à travers un détail : cette maison vous plaît, le prix vous convient, la surface, l'architecture également, le jardin est charmant, ni trop grand ni trop petit, et puis voici que s'ouvre une dernière porte. Ce n'est rien, on ne l'avait pas remarquée mais elle est ancienne, sculptée, et tout bascule, l'achat de raison devient un achat d'amour... ou c'est dans le parc que se tient la surprise : sous la mousse et les fusains, une vieille pierre qui fut une fontaine se dévoile, il fait frais soudain sous l'ombrage, on sait que cet endroit deviendra le préféré, il l'est déjà. Voici un lieu qui va compter dans votre vie et qui s'enrichira d'une histoire à venir qui sera celle de vos songes...

Cette femme qui me tentait, vers laquelle tout m'attirait, à quel instant soudain devient-elle la nécessaire, l'indispensable : un rai de soleil sur la joue, la fossette que creuse le sourire, un geste pour remettre une boucle dans le rang, un rire qui s'étire, un rien, et ce sera la grande histoire qui s'amorce. Un détail toujours, celui qui compte et qui emporte tout... une goutte et le vase déborde.

Nul doute que si je me suis intéressé, passionné pour Torrentera, il y avait quelque chose, ce fameux rien qui achevait le tableau, la touche finale qui faisait de lui un proche, un compagnon de l'au-delà : cet élément déterminant, le voici, il s'agit de quelques pages. En 1858, Francisco écrivit ces lignes que l'on va lire, ce sont celles d'un roman.

Le genre existe, certes, mais peu ont tenté l'aventure. Cette sorte d'écrit, on le sait, attendra longtemps encore pour avoir le droit de cité ; il faudra un bon siècle pour voir naître les grands noms. Ici, une fois de plus, Torrentera est précurseur.

L'histoire, incomplète hélas, qu'il raconte pose un problème : le personnage de Salucero lui a-t-il été inspiré par un modèle qu'il aurait rencontré au cours de ses voyages au Mexique, ou est-il né de son imagination que nous savons débordante ? Cette hérésie dont il parle et qui pourrait être l'une des causes de l'intervention de Rome, lors de la fameuse rencontre de Valladolid, a-t-elle existé réellement ? Nulle trace n'apparaît dans les documents de l'époque, mais encore une fois, comment aurait-elle pu être livrée au grand jour ? Il faut compter avec les censures, les interdits, les autorités papales exercent alors d'une main de fer leur regard sur l'imprimerie, et plongent dans les enfers de l'oubli tout ce qui heurte les âmes modelées par la chrétienté, depuis les premiers jours du baptême. Le mystère demeure pourtant, aujourd'hui, à la lecture de ces chapitres, nous pouvons nous rendre compte que le salucérisme fut, de toutes les monstruosités issues d'un crâne plein des préceptes les plus rigoureux de la Très Sainte Eglise catholique et apostolique, sans doute l'une des plus absurdes et criminelles abominations créées par ce siècle.

Alors, Torrentera, romancier d'épouvante ou reporter intransigeant d'une époque riche en sanglantes démesures ? Après tout, bûchers et tortures savantes sont aux mains d'un pouvoir que rien ne surpasse. L'Histoire tranchera peut-être si, un jour, le hasard permet de vaincre l'oubli...

Voici donc ce qui fut retrouvé. La suite est perdue à jamais, les flammes ont léché l'encre avant de consumer le papier, on devine leur étreinte amoureuse implacable, la rétraction du manuscrit, sa cambrure... Le feu est un baiser de mort, le feu est un lecteur d'œuvres perdues : qui rendra la mémoire aux incendies passés ?

Fragment de roman

Les six premières lignes manquent au texte, on recense cinq mots, le premier est situé à la fin de la deuxième ligne, on devine le verbe « sangloter » à l'infinitif. Les quatre autres sont placés au centre de la troisième ligne, trois se suivent : « monta la gamme », le dernier est isolé, il s'agit du terme « sacrifice ». Les ordinateurs auxquels ces éléments furent fournis réussirent à déterminer quelques corrélations entre ces divers mots, mais aucune ne mérite d'être rapportée.

.. ne purent finir.

Alors étaient venues, avec les années, les preuves douloureuses de sa damnation : au centre de son corps vivant, brûlaient tous les démons de l'enfer. Ils étaient là, enroulés, se déployant parfois, grondant, grandissant, ils le dévoraient de leur violence, de leur abjecte douceur, de leurs danses soudainement infâmes. Il s'abîmait alors dans la prière, sous le gel des pierres de la chapelle, il s'effondrait au pied du tabernacle, les bras en croix sur la dalle de l'autel, et là, devant le saint-sacrement, le serpent du démon se lovait encore, durcissant sous la bure de son habit. Il avait, dans sa cellule, installé des cordes dans lesquelles il passait ses poignets avant le sommeil, pour ne pas être tenté par une caresse qui eût apaisé la brûlure de ce plaisir qu'il sentait monter dans les affres des tourments.

Quel était ce Dieu de combat qui avait installé au ventre des humains la source même du péché ? La grâce n'était que lutte contre la chair, seuls les saints triomphaient, et Salucero en avait fait le vœu sous les voûtes de Montserrat, jamais il ne reculerait, la promesse serait tenue.

Avec les années, la lutte perpétuelle qu'il menait contre lui-même avait creusé ses joues et allumé, dans ses orbites, une flamme impitoyable. Il était devenu un lutteur expérimenté : lorsqu'il sentait son sexe se durcir, il savait orienter ses pensées dans le grand vide blanc où naîtrait la gloire de Dieu. Au cours des prêches et des messes, ses yeux s'élevaient vers les cintres, oubliant les fidèles parmi lesquels il devinait trop de femmes aux lèvres humides et aux tournures aguichantes. Sa vie se consumait dans un brasier au milieu duquel il savait trouver le comble des félicités, d'autant plus fortes qu'elles étaient inconnues... S'il cédait une fraction de seconde, la chute était assurée, un frôlement, un regard, une pensée, et une vie s'effondrait au cœur des enfers : elles étaient là, toutes, les luxurieuses, les adultères, celles qui, chaque soir, offraient leur corps aux plaisirs du mari, de l'amant. Elles venaient, certains soirs, à la cathédrale, il écoutait leurs confessions, il voyait luire à travers le grillage l'émail de leurs dents, leurs gorges se soulevaient, chiennes de vice qu'un regard suffisait à renverser sur tous les lits d'Espagne. C'est à lui, le tourmenté, qu'elles venaient raconter leurs exploits, leurs abandons infâmes... Sa main glissait malgré lui vers sa ceinture, mais il se reprenait : Dieu était là, il rôdait dans la chapelle, c'était lui, le tentateur et le juge.

Certaines s'étaient offertes à lui, après vêpres, alors qu'il regagnait la cure. L'une d'elles avait entrouvert son manteau, il n'avait pas eu le temps de clore assez vite les paupières, et cette vision l'obsédait encore, des années plus tard. Il devinait sa présence, elle se tenait chaque soir près de l'un des piliers latéraux, sous la statue de San Bernardo. Malgré l'épaisseur du drap qui la recouvrait, il percevait les formes, les reliefs de ce corps qu'il aurait pu posséder. Les pères l'avaient averti : des femmes chassaient le prêtre, elles étaient les suppôts de Satan et cherchaient à faire chuter les hommes de Dieu. Il avait même su son nom, Carmen Dacuno... A la faible lumière des cierges, il sentait son regard qui le suivait, le regard des louves lorsqu'elles ne sont plus que désir et vertige.

Et les années avaient passé jusqu'à ce que, peu à peu, l'idée s'imposât à lui : il fallait fuir, crever son âme et son corps de fatigue, ne pas l'enduire du baume trop coutumier des habitudes. Un monde attendait des hommes tels que lui, là-bas, à l'autre bout de la terre, là où abordaient les caravelles.

Il s'était abîmé aux pieds de l'évêque, avait déposé ses suppliques, il lui fallait suivre la longue, l'interminable filière... On disait que les demandes pouvaient attendre plusieurs années dans les cabinets des cardinaux, elles étaient trop nombreuses, et Salucero savait pourquoi : évangéliser ces terres pouvait être plus rentable que posséder une mine d'or...

Bizarrement, il poursuivait l'idée du voyage, la longue traversée dans les bourrasques et les alizés, il avait le sentiment qu'à la proue de l'un de ces navires surplombés de voiles et de gréements il y aurait suffisamment de ciel et de mer pour abattre la bête honteuse qui nichait en lui. L'Océan le laverait des turpitudes, il n'y aurait plus, sur cette proue, que l'infini et lui, et de leur dialogue naîtrait la délivrance.

Salucero n'obtint jamais l'ordre d'embarquer pour la mission qu'il convoitait : oubli de quelque secrétaire ou décision raisonnée d'un esprit averti de l'intransigeance du prêtre, dont la flamme brûlait les âmes de ses ouailles. Les autorités sacerdotales voulurent-elles éviter une rencontre qu'elles jugeaient difficile, entre l'énergie mystique du personnage et les immenses possibilités qu'offraient les peuplades indigènes et leur animisme païen ?

Mais l'appel qu'il ressentait pour ce Nouveau Monde fut le plus fort, il lui semblait qu'une voix irrésistible l'appelait par-delà les mers, et que, là-bas, se trouvaient sa mission et le sens de sa vie : c'était le lieu où Dieu lui parlerait.

Il s'embarqua sur un navire marchand, dans un port de la côte portugaise, nanti de son bréviaire et d'un maigre viatique. Durant le long voyage, il ne se mêla jamais à ses compagnons, militaires pour la plupart et dont il n'écouta pas les récits d'embuscades et d'anthropophagie. Le vin de Porto et de Valdepeñas coulait dans leurs veines, engourdissant la langue et embrumant les pensées... Le matin le trouvait seul, debout à l'avant du navire, tandis que les autres, ivres morts, cuvaient la liqueur de la nuit, les premiers rayons effleuraient leurs bouches renversées et ouvertes qui avaient aspiré les étoiles.

Ils croisèrent d'immenses poissons, les sillages des ventres monstrueux étaient plus profonds que celui de la caravelle et, à plusieurs reprises, il vit la queue géante des léviathans frapper les eaux, produisant un bruit de tonnerre. Des oiseaux suivaient le bateau, ils tournoyaient autour des hunes, et certains, plus audacieux que d'autres, se posaient sur les épaules sculptées des figures de haut bord et couvraient de fiente les balustres et les fûts des canons de pont frappés aux armes impériales. Au-dessus de sa tête, les hommes grimpaient dans les vergues, le bois des mâts et du cabestan craquait de toutes ses fibres au cours des manœuvres. Au matin du neuvième jour, le capitaine vint lui demander de dire la messe sous le soleil cuisant, la houle s'était levée et, lorsqu'il brandit le calice au-dessus d'un autel de fortune, il lui sembla que l'embarcation tout entière montait vers l'azur surchauffé, attirée par le souffle de la foi. Huit jours plus tard, dans les vents retombés, il dut bénir le cadavre d'un lieutenant d'un régiment de cavalerie, décédé de la fièvre tierce : le corps fut immergé au large de la petite Venise, dans l'assourdissant concert des goélands. Le moral de l'équipage se ressentit de cette mort, la peur de la contagion rôdait, d'autres cas se déclarèrent, et le médecin ne sut bientôt plus où donner de la lancette, lorsque l'un des quartiers-maîtres fit percer sur le pont deux tonneaux de rhum supplémentaires, ce qui eut pour effet de guérir la plupart des matelots qui quittèrent l'infirmerie.

Ce fut au cours d'une de ces nuits que Salucero vit les feux Saint-Elme illuminer l'artimon : la caravelle, nimbée de flammes bleues, filait dans l'obscurité océane, épaisse comme un drap. Les sargasses ceignaient la proue et ils virent au matin une goélette qui ne répondit ni aux cris de l'homme de vigie ni à la manœuvre des pavillons, bateau fantôme commandé par des pilotes morts, trafiquants regagnant une crique pour un déchargement illicite, le capitaine ne détourna pas sa route : il redoutait la flibuste et ses traîtrises.

Enfin, alors qu'il émergeait d'une courte nuit de sommeil et qu'il secouait une maigre couverture sur laquelle l'air de la nuit avait déposé une pellicule de sel mouillé, Salucero vit à l'horizon une ligne verte et dentelée que le soleil rasant découpait sur le ciel ; c'était le Mexique.

Déjà des barques à balanciers cernaient la caravelle.

A l'intérieur se tenaient des rameurs vêtus d'un pagne, leurs yeux étaient étroits et leurs bouches amères, leurs corps de cuivre semblaient couverts d'une huile précieuse. Le prêtre sut alors qu'il était arrivé.

Lorsque le bâtiment, toutes voiles affalées, pénétra dans le port de Matamoros, il put voir la longue file des porteurs s'ébranler en direction du ponton. Sur les côtés, les hommes de chiourme levaient déjà le long fouet à manche tressé des gardiens de troupeaux de Galice, et leur claquement ponctua bientôt le chant des esclaves indiens.

Un monde, soudain, s'offrait à lui, il glissait sur ses bords, il découvrait les huttes à demi effondrées dans la boue des berges, les chantiers des villas de notables crevaient le toit des palmes, des cochons noirs couraient dans les ruelles, et des fillettes nues brandissaient des poissons au-dessus de leurs têtes, cherchant à attirer l'attention des caballeros engoncés sous des fraises empesées...

Un nouveau monde. Le Nouveau Monde.

Ici se trouvait son destin : il accomplirait une besogne qu'il ignorait et pour laquelle Dieu l'avait désigné de toute éternité. Les charrettes aux roues pleines débordaient de sacs d'épices, et l'odeur rêche du chanvre emplissait ses narines. Entre les sentiers qui s'ouvraient dès la sortie de la ville, Salucero choisit le chemin de l'est, celui qui, après les grandes plaines, ouvrait la voie vers les chaînes de la sierra Madre occidentale. Il refusa la compagnie des porteurs et des lansquenets et, après qu'il se fut arrêté à la dernière église dédiée au culte de la Vierge de Guadalupe, il s'enfonça dans les déserts de pierre.

Ses pieds se mirent à saigner dans ses sandales, et les ronces déchirèrent bientôt le bas de sa robe. Longtemps la faim le hanta, avant qu'il sût la calmer de racines terreuses et d'écorces tendres. Sans qu'on le lui eût enseigné, il apprit à se désaltérer de la sève fraîche au cœur des cactus les plus desséchés et à étancher ainsi une soif dévorante.

Au quinzième jour de marche, il dormit au centre d'un temple maya. Le lieu était abandonné depuis longtemps, les prêtres, vaincus par les envahisseurs aztèques, avaient déserté l'endroit sur lequel une herbe fibreuse avait poussé, crevant les pierres de la pyramide au sommet plat, situé dans l'axe du soleil.

Salucero s'allongea là, sous les étoiles, et il fit son premier rêve depuis son arrivée, un rêve encore flou, mais il sut que, pour la première fois depuis qu'il avait posé les pieds sur ce sol, Dieu lui adressait un signe : plus à l'ouest, au cœur des montagnes qui dressaient leurs barrières à l'horizon, se trouvait la solution qu'il cherchait. La vision d'un cirque de montagne s'imprima sous ses paupières : contre l'une des parois en à-pic qui montaient à l'assaut des nuées, se cachait un village de falaise. Il pouvait distinguer les ouvertures découpées dans le roc, certaines communiquaient entre elles par des échelles de bois ou des rampes creusées dans la muraille. A l'entrée, des jarres et des calebasses lui semblèrent pleines d'eau et de grain. On n'entendait que le bruit du vent et l'appel lointain de quelques chèvres perdues.

Ce village de montagne serait-il son Sinaï, son buisson ardent ? Il lui faudrait marcher tant qu'il ne l'aurait pas découvert... Au matin, il repartit, plein d'une force nouvelle. Ce rêve l'avait rasséréné car, depuis son arrivée, les tentations n'avaient pas cessé et il semblait que l'épuisement, dû à la marche, à la soif, à la faim, n'avait eu d'autre conséquence que d'attiser ce feu intérieur contre lequel il luttait à chaque seconde de sa vie.

La chaleur augmentait chaque jour. Dès l'aube, les rayons mordaient les roches et frappaient d'un marteau de fer les êtres et les choses. Les pierres brûlantes se fendaient sous la haute morsure de l'été... L'impitoyable violence d'un ciel chauffé à blanc incendiait les paupières du prêtre qui se crut aveugle, toute une longue journée. La peau calcinée de son visage se soulevait en cloques qui, lorsqu'elles perçaient, laissaient couler sur ses joues une eau huileuse et jaunissante. Au-dessus de sa tête, les vols de charognards tournoyaient, les condors au cou pelé, venus des hauts sommets infranchissables du sud. Salucero avançait toujours, déchiré par les épineux et les aiguilles acérées de plantes dont le nom lui était inconnu. Dans sa bouche, la salive séchait et recouvrait sa langue d'une pâte ferreuse.

Jamais il ne s'arrêta, jamais il ne céda à la tentation de revenir en arrière, la vérité était au bout de la route qu'il avait prise, lorsqu'il avait débarqué sur les quais encombrés de Matamoros.

Le terrain grimpait de plus en plus. Depuis longtemps déjà Salucero marchait pieds nus et recouvrait parfois ses plaies du drap déchiré de sa robe, le sang des coupures avait formé une croûte le protégeant en partie de la rudesse des cailloux.

Il fut enfin dans la montagne, il devait à présent, pour progresser, se servir autant de ses mains que de ses jambes, et, un soir, alors que le crépuscule envahissait les vallées et chassait chaque recoin de lumière pour l'emplir de l'ombre bleue de la nuit d'été, il s'arrêta dans une anfractuosité et s'endormit, assommé de fatigue et de faim. La déclivité était forte, et son pied droit dérapa dans les éboulis. Il tenta de s'accrocher à des plantes sauvages mais elles se rompirent sous son poids pourtant faible : il se mit à descendre la pente sans pouvoir arrêter sa glissade qui, au contraire, s'accéléra. L'arrière de sa tête heurta un bloc et, perdant connaissance, il se laissa aller dans ce qui lui parut un gouffre dont il ne devinait pas le fond...

Lorsqu'il ouvrit les yeux, il se tenait sur le sommet d'une montagne qu'il reconnut aussitôt. Il avait déjà vu ces excavations et entendu le murmure du vent dans la vallée : son but était atteint, il se trouvait dans le village de son rêve.

Il se souleva légèrement et, au mouvement qu'il fit, quelque chose remua : une silhouette lui sembla sourdre de la roche contre laquelle il était appuyé. Ses bras et ses jambes étaient recouverts d'un mélange de feuilles écrasées et d'argile, pansement maintenu par des liens de sisal. La forme passa entre le soleil et ses yeux douloureux, il devina le corps nu d'une femme dont la main lui caressa le torse. Il se devina nu et gémit. C'est alors que la voix retentit dans sa tête, une voix comme jamais il n'en avait entendu, d'elle émanait une douceur vibrante et passionnée qui fit bondir son cœur dans sa poitrine. Avant même que l'écho ne s'en soit éteint, il savait qui venait de s'exprimer : cette voix était celle de Dieu.

Jamais il ne devait oublier la phrase chuchotée au creux de son âme par le Tout-Puissant en personne. Lorsque son corps se tordrait dans les flammes d'un bûcher de la grand-place de Saragosse, il l'entendrait encore.

L'Indienne, frottée de la lumière du crépuscule, lui souriait et le Créateur venait de la lui offrir.

« Celle-ci t'appartient. Sois à elle et comprends pourquoi », telles avaient été les paroles de l'Eternel.

Salucero ne sut jamais que le rugissement qu'il poussa en attirant cette femme vers lui avait été le sien. Il était âgé, à l'époque, de quarante-deux ans et ne possédait que la peau et les os, mais, lorsqu'il la pénétra, elle eut l'impression qu'un tison brûlant incendiait ses entrailles. Lorsque sa semence jaillit, les premières étoiles étaient nées et, durant la nuit qui suivit, le lait de la lune lui parut se confondre avec la liqueur qui sourdait de son sexe dardé. Une vie venait de s'éteindre, celle d'un religieux en proie aux vicissitudes du corps, un homme nouveau venait de naître, un homme à qui Dieu avait demandé de pratiquer l'acte de chair, à qui Il avait désigné sa compagne, la femme avec laquelle il pouvait, désormais, s'enfoncer dans l'enfer des dépravations.

Longtemps, cette nuit-là, la terre s'inversa, l'Indienne sut le guider dans des positions que son esprit avait même refusé d'évoquer. Elle fut la tentatrice, la prostituée, l'initiatrice, elle le fit revivre, l'affola, le bouscula, l'amenant chaque fois aux bords extrêmes de la furie et de l'anéantissement. Elle jouait de sa bouche, de ses mains, de son sexe infatigable, pour ouvrir à l'étranger des portes inconnues sur des univers déployés dont il ignorait les arcanes.

Ils ne s'endormirent qu'au matin, épuisés. Elle avait murmuré des paroles qu'il n'avait pas comprises, mais l'une d'elles, maintes fois répétée, s'attardait dans sa mémoire. C'était « Taorigualpa ». Avant de sombrer, il comprit que c'était le nom de la femme.

Ici se termine ce qui semble le livre II du roman. Un trait est tiré sur toute la largeur de la page dont la moitié demeure vide. Le livre III commence sans qu'aucune indication ne soit mentionnée. Je cède à la manie bien contestable des biographes en me permettant une remarque incidente : voici sans doute le premier roman érotique des temps modernes. Bien avant les écrits hautement intellectualisés de Choderlos de Laclos, loin des romanesques préciosités de la carte du Tendre et des afféteries du siècle des Lumières, Torrentera plonge dans les nuits et les jours d'un couple déchaîné, celui du prêtre délivré et de la païenne pour qui l'amour est chose de nature et de joie.

Laissons-lui à nouveau la parole.

Suite du roman

Durant les mois qui suivirent, ils ne se quittèrent plus. Longtemps Salucero se crut fou, prisonnier du parfum des cheveux de cette Indienne, de son corps sans retenue, de cette douceur, de ses ongles, de sa peau de velours aux pores serrés, de ce pubis, de ces aisselles imberbes, du goût de sa salive et de cette liqueur qui était la sienne, lorsque la volupté arquait ses reins dans la danse de la nuit.

Taorigualpa était la descendante d'un chef de guerre chichimèque vaincu par les Aztèques. Il avait fui avec les siens jusqu'à ces montagnes où ils vivaient cachés, derniers représentants d'une tribu exterminée. Leur royaume s'était autrefois étendu entre les deux océans et grimpait jusqu'au soleil, il ne restait rien de leur ancienne puissance que des haches taillées dans du porphyre et des poignées d'or richement travaillées que le vieux chef n'exhumait qu'une fois l'an, lors du solstice d'été.

Les deux amants ne se parlaient pas. Il la prenait sans cesse, semblant vouloir rattraper avec rage le temps interminable de l'abstinence, cette privation des corps qui avait tant marqué sa jeunesse jusqu'à en faire une torture, un interdit dont il ne comprenait plus le sens, aujourd'hui que permission lui en avait été donnée.

Jamais il ne se demanda s'il n'avait pas été le jouet d'un songe ou, pire, d'un démon, s'il n'était pas devenu un prêtre apostat et sodomite, promis aux plus ardentes flammes. Jamais il ne pensa que Satan l'avait abusé, prenant la voix de l'Eternel...

Quelque chose dans leurs étreintes était d'un autre ordre que celui de la chair mais, durant ces mois où il épanchait le désir qui l'avait consumé, il n'oubliait pas la parole divine : «... et comprends pourquoi». Pourquoi, de tous, lui seul entre ses semblables avait-il reçu la permission d'user d'une femme ? pourquoi cela lui était-il permis ? Il réfléchissait à ce mystère au cours des longues après-midi où elle vaquait aux besognes du village. Il la suivait du regard tandis qu'elle ramassait le bois pour les feux de la nuit, avec ses compagnes cuisait les galettes de maïs ou trayait les chèvres d'un pauvre troupeau. Il cherchait parfois sur son visage la marque du Seigneur... pourquoi elle et pourquoi lui ? S'il était l'élu, elle l'était aussi. Mais pourquoi elle entre toutes ? Qui était-elle vraiment ? Il l'avait interrogée au cours de leurs nuits, il parlait sa langue à présent, mais rien ne semblait la différencier des autres créatures du pueblo, elle avait connu des hommes avant lui, avait accouché d'un enfant mort-né. Elle connaissait les chants de fête, les danses rituelles, il ne savait pas lui donner un âge, trente ans peut-être, elle savait tresser les cordes qui maintenaient les barreaux aux échelles et permettaient de passer d'une habitation à l'autre. Elle ne croyait pas aux dieux. Simplement, à certaines heures du jour, elle prenait un bain de lumière, enduite de l'huile qu'elle obtenait en écrasant des herbes dans des cuves d'argile sèche. Il avait cessé de dire la messe, il ne priait plus, il ne s'en reconnaissait pas le droit tant qu'il n'aurait pas trouvé la solution à ce qui était devenu la grande question de sa vie.

Un soir les vents tournèrent, une animation nouvelle s'empara de la tribu. Il sut qu'ils allaient pénétrer dans une autre saison : dans quelques semaines, quelques jours peut-être, la neige tomberait et tous vivraient cloîtrés à l'intérieur des cavernes, dont les vieillards réparaient les pièces de bois qui servaient de coupe-vent. Il passa la journée seul, perdu dans ses pensées et, à l'heure du couchant, il suivit Taorigualpa quand elle s'enfonça dans l'anfractuosité d'un rocher. Il attendit, caché par l'épaisseur d'un buisson d'agaves. De l'endroit exact où elle avait disparu, retentit le cri de la chouette. Le soleil n'éclairait déjà plus les vallées, une brume enveloppait à présent les contreforts, mais le pic sur lequel il se tenait resplendissait encore d'un rayon ultime, peignant chaque roche, chaque piton de la couleur écarlate que l'on trouve sur les manteaux des grands de l'Eglise.

Et soudain l'animal s'envola, ailes déployées, nappées du sang du jour. Il monta droit comme une pierre lancée par une fronde, et Salucero comprit.

Taorigualpa survolait à présent le sommet de la chaîne qui bouchait l'horizon du nord, et la vérité lui parvint, éclatante, évidente : il tomba à genoux et, pour la première fois depuis de longs mois, il s'abîma dans les paroles consacrées d'une action de grâce.

Comment n'avait-il pas su plus vite ? Quel bandeau l'avait aveuglé durant tout ce temps ? Dieu lui avait octroyé cette créature parce qu'elle n'était pas humaine.

Entre ses semblables et les animaux avec lesquels tout commerce de chair était défendu, Dieu, en son infinie sagesse, avait prévu une étape intermédiaire :

l'Indien. Si leurs corps étaient peu dissemblables, ne différant que par certains traits du visage et par la couleur de leur peau, leur âme était absente. Ils possédaient suffisamment d'intelligence pour se nourrir, se cacher, leur instinct était fort, développé, mais ils n'avaient été mis sur cette terre que pour tenir le rôle inférieur des êtres placés au milieu de l'échelle des vivants, entre les hommes et les chiens, entre l'existant marqué du sceau de la bête et Dieu.

Salucero comprit pourquoi, avec elle, tout était permis, pourquoi il pourrait dorénavant être prêtre et fornicateur.

Il se leva.

La jeune femme, qui avait repris sa forme première, descendait la pente rapide, et il pouvait voir jouer les muscles de ses cuisses de bronze. Il savait à présent qu'elle lui avait été offerte pour son utilité : elle était comme un outil entre ses mains, la plume pour le scribe, l'épée pour le combattant, la truelle pour le maçon, l'alêne pour le cordonnier. Sa tâche était tracée : apprendre aux hommes de foi, que le désir de la femme torturait, que tout avait été prévu, que rien ne les détournerait désormais de leur approche mystique. Les femmes indiennes avaient été créées pour eux, ils useraient d'elles car telle était la Volonté, la Loi suprême.

Sur le flanc de la montagne, il s'agenouilla et prêta le serment auquel il consacrerait le restant de sa vie : propager, par les chemins du monde, cette bonne nouvelle.

Ainsi naquit le salucérisme.

Le prêtre partit dès le lendemain, accompagné de Taorigualpa qui devait suivre ses pas jusqu'à la fin brutale de celui qui faillit ébranler la chrétienté par l'un des plus grands schismes qui déchira l'empire d'Espagne, dont les ramifications s'étendirent jusqu'aux grandes îles lointaines du Sud, là où s'implantaient les premières missions franciscaines.

Ils marchent à travers les ravins, les éboulis, les pierres des défilés, franchissent les hauts plateaux. Il fait froid à présent, le vent qui s'engouffre dans les combes mord leurs peaux dénudées... Ils croisent des troupeaux, boivent du lait de chèvre et repartent, s'arrêtant dans les missions, et là, Salucero prêche, tente de convertir les moines évangélisateurs. Il est souvent chassé, poursuivi par des hommes de robe qui crient au blasphème. Parfois des pierres volent. Salucero devient l'Antéchrist. Pourtant, certains sont subjugués par la force de sa conviction, par la flamme qui jaillit de ses prunelles, par cette main décharnée qu'il pose sur la femelle qui l'accompagne. Peu à peu la rumeur se répand à travers la terre du Mexique : à Santa Isabel, l'une des plus grandes missions doublée de l'une des plus vastes haciendas de la région, le père fondateur succombe à la véhémence de son visiteur. Plus de mille cinq cents esclaves sont employés dans la plantation, il choisira le soir même une compagne parmi les filles nubiles, imité par la cohorte de ses moinillons. Certains fuiront, horrifiés par le péché, d'autres accepteront par faiblesse, par exaspération du désir, certains pour construire, sur cette terre, le nouvel Age d'or, l'Eden retrouvé...

Salucero bâtit sa théorie de plus en plus solidement au cours de ses prêches, tirant les conséquences de la révélation qui a été la sienne. Ses sermons se transforment : un dimanche, il introduit Taorigualpa dans le lieu saint et la prend devant l'assemblée des fidèles, appelés à constater que, tandis qu'il la besogne, aucune dalle ne tremble, aucune voûte ne se fissure. Le visage du Christ reste impassible sur sa croix, et la flamme du saint-sacrement ne vacille pas. N'est-ce pas la preuve du consentement divin ?

L'enthousiasme de certains est tel que, accompagnés d'une Indienne, ils parcourent à leur tour la contrée afin de propager la nouvelle. Le schisme s'étend, bien que des incidents éclatent.

A Cuernavaca, une des filles égorge le religieux qui l'avait arrachée à sa famille. Reprise par les soldats, elle sera jugée, écartelée à quatre chevaux, et son corps brûlé sur le parvis de la cathédrale dont les cloches sonnent la nouvelle gloire de la jeune Eglise. Quelques émissaires partent pour Madrid annoncer la croisade des salucéristes, et les autorités ecclésiastiques s'émeuvent. Il est cependant conseillé, au cours d'une réunion avec les ministres affectés aux Affaires extérieures, de ne pas arrêter les fomenteurs de troubles, certains insistent même sur le fait que cette religion transformée pourrait se révéler efficace au maintien de l'ordre impérial. Quatre évêques seront toutefois envoyés en mission pour juger sur place des conséquences.

Ils embarquent sur des caravelles noires et sont accueillis, dès leur arrivée, par une escorte issue d'un régiment de Vieille-Castille dont le père aumônier est acquis au schisme salucérien. Vieux moine paillard, Francisco Tesola n'aura de cesse de montrer à ses augustes visiteurs les bienfaits de la nouvelle vie des adeptes, il leur proposera, au cours de la deuxième nuit, des Indiennes de caste noble. Trois accepteront, le quatrième s'enfuira en lançant l'anathème sur ses compagnons, il sera victime d'un accident sur le chemin du retour, alors qu'il tentait de regagner une mission restée fidèle à la règle épiscopale. On expliquera sa mort par une flèche empoisonnée, lancée par un guerrier solitaire qui sera rattrapé et pendu. En fait, c'est Tesola lui-même qui videra ses deux pistolets à la face de l'envoyé, le tuant net.

Sans nouvelles, l'Inquisition s'émeut tandis que Salucero trouve d'autres prêcheurs qui répandent la bonne parole. Parfois les difficultés naissent des Indiens eux-mêmes qui refusent de laisser les émissaires de l'Eglise s'emparer de leurs femmes, de leurs filles, de leurs épouses.

Des troubles éclatent, réprimés par de véritables corps de troupe envoyés par les gouverneurs de province, à l'instigation des chefs de la religion salucériste.

A Rome, les langues se délient. On apprend que les offices sont transformés en orgies, que désormais, de l'autre côté de la mer, licence charnelle et amour de Dieu sont liés. Mais ce monde est loin, ne s'agit-il pas d'une conception nouvelle du sacerdoce, adaptée à la mentalité d'êtres primitifs dont on se demande, en effet, s'ils ne sont pas plus près des pourceaux ou des tigres que des chrétiens baptisés. Et si l'Eglise en sortait renforcée ?

Pendant que les discussions s'éternisent, Salucero s'installe. Il a abandonné la route, d'autres sillonnent le pays pour lui. Ses jours, dont il ignore encore qu'ils sont comptés, se partagent entre prière, confession, baptêmes et plaisir.

Il a, depuis quelque temps, abandonné Taorigualpa, car ses réflexions l'ont amené à penser que la fidélité ne saurait avoir droit de cité entre un homme et une non-femme. Il sera imité par bon nombre de ses disciples qui trouveront, dans les tribus asservies, des corps qu'ils ne pourraient entraîner sur les pentes vertigineuses de la dépravation, puisque, dépourvus d'âmes, ils ne sauraient sombrer dans le péché.

Bientôt, entre Chapala et Amatitlán, naissent des bordels où maquereaux indiens et espagnols, protégés par l'armée et bénis par les prêtres schismatiques, fournissent des filles aux missionnaires débarqués pour évangéliser le territoire. Salucero triomphe, son ambition s'est aiguisée, sa parole s'est enflée de violence : demain il peut être le pape de la nouvelle Eglise, il ne doute pas que le couvent de San Juan de la Cruz, où il a établi son quartier général, sera bientôt le centre de la Chrétienté. Rome est morte pour lui, elle ne représente plus qu'un monde dépassé, lourd de chimères, victime de l'élargissement géographique des connaissances : le Saint-Siège ignore tout du monde sauvage où vivent ces êtres de cuivre à l'apparence humaine. Comment pourrait-il savoir que les filles de Montezuma n'ont été créées que pour les besoins de ceux qui ont voué leur vie à Jésus ?

Taorigualpa a voulu repartir vers les montagnes auprès de ses frères, elle a erré longtemps avant de retrouver le chemin. La nuit, une voûte de plomb masquait les étoiles et elle dormait au plus près des troupeaux, quelquefois dans une étable. Elle marchait le jour dans la direction que prend le soleil pour disparaître. Au cours de ses songes, elle revivait les événements passés avec cet homme fougueux, infatigable, de qui elle avait subi la contrainte et ressenti le plaisir, sa vie lui paraissait coupée en deux, elle avait été longtemps une femme parmi d'autres, et puis le maître était venu. Elle l'avait soigné lorsqu'il lui était apparu, épuisé, ensanglanté. Il venait d'un autre univers que le sien, ses lèvres proféraient des sons inconnus. Il était de la race des seigneurs : ils avaient la force, la ruse, il fallait le plus souvent fuir devant eux, ou plier. Elle avait été sa chose, elle acceptait tout, jusqu'à l'humiliation qu'elle ressentait lorsqu'il s'accouplait à elle devant la foule de ceux qui étaient venus prier le dieu blanc, le dieu supplicié. Son dieu à elle était l'oiseau-serpent, on pouvait le voir sculpté dans le basalte et la pierre dure, mais ce n'était qu'une image. Le vrai était immense et tout-puissant et, si l'on ne le voyait pas, c'est qu'il se trouvait caché derrière le soleil, auquel, par son haleine, il donnait sa chaleur.

Comment était-il possible qu'il ait été anéanti, comment le dieu dont les ailes déployées pouvaient cacher le ciel avait-il été vaincu par cet homme, cloué au bois du pilori ? Comment un pâle cadavre avait-il pu triompher de l'oiseau-lumière, plus large que le monde ?

L'hiver passa, il disparut en trois jours et la prairie se couvrit d'une herbe rase d'un vert épais. Elle sut qu'elle approchait de son village, non parce qu'elle se trouvait à présent dans la montagne, mais parce qu'une odeur familière monta un matin à ses narines, celle des fleurs de son enfance, les fleurs bleues des printemps d'autrefois.

Personne n'accueillit son arrivée, ses oncles se détournèrent d'elle et, sur la grande pierre plate où s'allumaient les feux sous les marmites, à chaque fin de jour, les femmes ne lui adressèrent pas la parole et ne lui laissèrent pas la place qu'elle occupait autrefois, pour les repas en commun. Des fillettes qui jouaient trop près d'elle furent rappelées. Quatre soirs de suite, elle dormit loin des grottes du village. Elle monta le sentier où elle savait retrouver le nid de chouette qu'elle avait découvert quelques années auparavant. Dans une anfractuosité maculée de fiente, elle vit luire les yeux circulaires du grand nocturne. Elle ignorait que l'animal qu'elle aimait avait, en s'envolant, scellé pour toujours son destin. Elle ne sut jamais que le monde chrétien avait été mis en péril parce qu'un nocturne s'était élancé dans le couchant, et qu'il avait suffi de quelques battements d'ailes pour renverser le cours du monde.

Et puis intervint un nouvel envoyé de Rome, Vittorio Carmelina. Natif de la région des Pouilles, il était entré en religion, mû uniquement par la soif dévorante du pouvoir dont il avait gravi chaque échelon, jusqu'à parvenir, à l'âge de quarante-sept ans, dans l'antichambre du trône de Saint-Pierre. Conseiller écouté et redouté, il avait contribué à mettre de l'ordre dans les finances de l'Eglise et avait repris, en le refondant, le système de collecte des impôts paroissiaux sur la plupart des pays d'Europe. Cela lui avait valu le chapeau de cardinal.

Homme de l'ombre, il avait accepté la mission dont il avait été lui-même l'instigateur : il avait débarqué, avec un escadron de lansquenets et trois hommes de poucettes et d'estrapade, habiles à faire parler les plus endurcis.

Carmelina avait, une fois pour toutes, défini sa politique à l'endroit du salucérisme : risquant de semer le désordre, voire la division au cœur de l'entreprise la plus florissante qui fût, il devait disparaître. Il avait soupesé les avantages de la doctrine, il y en avait essentiellement deux : n'étant plus rebutés par l'exigence de célibat et d'abstinence, les candidats à la prêtrise seraient plus nombreux. Or leur nombre, pour l'instant, était largement suffisant. Le second bénéfice était que la position inférieure des Indiens dans les colonies serait renforcée, l'esclavage serait en quelque sorte légalisé par leur non-appartenance au monde des humains : mais cela non plus ne se révélait pas nécessaire puisque le principe de l'esclavage existait déjà et fonctionnait parfaitement. Il n'y avait donc aucune raison véritable de montrer quelque indulgence que ce soit envers les partisans du prêtre, dont l'envoyé de Rome avait signé l'excommunication

Vêtu d'une cuirasse dont le plastron était frappé aux ordres de Saint-Pierre, Carmelina pénétra, à la tête de ses hommes, dans une mission dont il savait qu'elle obéissait aux règles du prêtre lubrique. Il fit signe à ses hommes de s'emparer du père supérieur venu l'accueillir. Il ne prononça pas une parole. Trois heures plus tard, le corps du prêtre, tendons coupés et rotules rompues au maillet de fer, était brûlé vivant sur le parvis de l'église. Les deux concubines du supplicié furent exposées au pilori, lèvres coupées et sexe cousu, aux deux entrées qui marquaient les limites de l'exploitation.

Carmelina laissa s'échapper quelques moines épouvantés dont il savait qu'ils propageraient la nouvelle de son arrivée et de ses méthodes. Cela se vérifia : lorsqu'il pénétra dans la deuxième mission évangélique, située, celle-là, sur la rive nord de la rivière Pixta, en plein cœur de l'ancien pays maya, tout ce qui portait soutane avait fui dans la montagne. Carmelina rassembla tous les hommes blancs présents dans la cathédrale inachevée, et prononça un sermon où il expliqua qu'il faudrait, sous peine d'encourir les foudres de Dieu et d'être précipité en enfer, désormais dénoncer les fornicateurs qui avaient trompé le Christ et l'Eglise à laquelle ils avaient prêté serment, et qui avaient insulté au culte de la Vierge.

Au cours de l'un des déplacements qu'il effectua

sous une pluie battante, dans les gorges de la sierra, tandis que les gouttes frappaient son casque, l'assourdissant de leur fracas, son cheval s'effondra d'un coup, l'entraînant dans sa chute. La brume et la poussière d'eau qui montait des marais proches ne lui permirent pas de voir ce qui en avait été la cause. Il put, aidé de son ordonnance et de deux hommes, dégager sa jambe de sous la bête. Il s'aperçut alors que le sang coulait d'une blessure fraîche au poitrail de l'animal. Quelqu'un avait tiré. Il mit l'épée à la main et déploya ses hommes. En moins d'une demi-heure, trois individus furent capturés. L'un d'entre eux n'était autre que Francisco Tesola, l'assassin de l'évêque. La triple exécution se déroula cette fois en place publique à Texatlán.

Carmelina lut d'une voix égale la liste des crimes du renégat, dont on apprit qu'il avait défloré quarante-cinq fillettes indiennes, en prétendant leur faire ainsi connaître l'amour divin. On lui versa dans l'anus et dans la bouche du plomb fondu après l'avoir émasculé, ce qui était la peine prévue pour les violeurs et les sodomites.

Implacablement, Carmelina poursuivait sa tâche, et certains abbés et prieurs abandonnèrent l'hérésie pour venir, à genoux, réclamer la clémence du bras vengeur de Rome. Carmelina en fit brûler cinq et ordonna aux autres d'aller porter la nouvelle de l'indulgence papale à ceux qui entreraient à nouveau dans le giron de la Sainte Eglise dont la colère s'apaiserait.

Les jours qui suivirent, il y eut de nouvelles redditions. Ceux qui ne se dénoncèrent pas le furent par d'autres, quelquefois par les Indiens eux-mêmes : ils avaient hâte de voir partir les lourds soldats qui ravageaient tout sur leur passage, avec la bénédiction de leurs chefs. Les reflets métalliques des cuirasses et des pertuisanes, repérés par des guetteurs, entraînaient de véritables exodes de population, les escadrons de fer s'enfonçaient dans la chair du continent, avec la force d'un estoc pénétrant une poitrine.

Les nouvelles de l'avancée de Carmelina parvinrent jusqu'à Salucero. Celui-ci fit un rapide bilan de l'état des forces. Malgré les désertions, le nord du pays était encore en majorité sous sa coupe. Sans qu'il puisse s'en expliquer la raison, il savait que la puissance était de son côté, car rien n'était plus fort, plus irrésistible que le désir des corps. Telle était la volonté de Dieu, et rien ne pouvait l'entraver. Aujourd'hui, les armes et les bûchers s'étaient alliés au maître actuel de la lointaine Rome pour faire triompher les lois caduques et desséchées : elles ne servaient que des vieillards courbés sous la soie des brocarts, des tiares, des crosses et des calices d'or. Carmelina n'était que le bras d'un corps pourrissant qui n'avait pas su entendre la parole qui avait pénétré son âme, à lui, Salucero. Il était la vérité révélée, et la vérité triomphait toujours.

Seul dans l'abbatiale où reposaient déjà les dépouilles des pères supérieurs, Salucero attendit que le jour tombe, et il s'abîma en prières. A travers les vitraux rapportés de Pontevedra par des vaisseaux portugais, coulait la nuit bleue du Nouveau Monde. Dans le silence des voûtes et des piliers, une présence se devinait, tapie dans le tabernacle. Dehors, le vent faisait bruire les arbres des collines, les feuilles sèches des maïs ondulaient dans un crissement de cigales. Le prêtre eut l'impression de sentir l'odeur des herbes de montagne qu'écrasait la femme qu'il possédait, la sève libérée se mêlait à la sueur de la peau tendre. Ce soir, tous les effluves semblaient lui parvenir, ceux des feux entre les pierres des villages desséchés par les soleils incessants, ceux de l'huile des cheveux nocturnes qu'une femme dénouait avant de s'étendre sur les mousses épaisses qui recouvraient les berges des fleuves immobiles, larges comme des mers : un univers de parfum et de désir, de croupes et de lianes, de verges tendues, de hanches cambrées sous les nuages écarlates des grands et joyeux crépuscules.

Salucero quémanda de l'aide auprès du Christ qui lui faisait face et, comme il levait les yeux vers le front lacéré d'épines, le grondement lointain du tonnerre lui parvint. Depuis quelques jours, des vents lourds apportaient de l'Océan des senteurs de soufre et de troncs pourrissants. Dans l'hacienda, les hommes ruisselaient sous la chaleur implacable, elle allait éclater sous l'orage. Mais ce ne fut pas le vacarme chaotique des sombres nuées, chargées d'éclairs, qu'entendit Salucero, mais un nom.

Un nom proféré dans un hurlement céleste, une voix de rage et de tempête, la voix même du dieu des Armées, le Dieu au glaive brandi. Et ce nom était connu de tous, dans toute la contrée et au-delà des montagnes rouges, au-delà des pyramides perdues : CORNAVARA.

Le métis. Le fils d'une princesse du Yucatán et d'un fils de Cortés : la légende précisait, de Cortés lui-même, ce qui lui aurait donné plus d'un siècle... Le nom que les capitaines des garnisons, frappées des aigles impériaux, avaient appris à connaître : l'homme de la crainte et de la terreur, qui savait frapper en silence les sentinelles et les troupes des fortins endormis, ou encore charger, à la tête de ses hommes, le front ceint de la couronne de turquoises qu'il s'était attribuée pour singer les Rois catholiques, utilisant des canons volés aux arsenaux de Veracruz comme des flèches de sarbacane des tribus cannibales des jungles tropicales. Il était le hors-la-loi, volant les récoltes, pillant les missions, traînant les statues des saints à travers les déserts, attachées à la selle des chevaux par des cordes jusqu'à ce que leur tête se brise sur le sol. Rendu fou par la consommation de racines connues de lui seul, il renversait les autels, secondé par des déserteurs, descendants de Pizarro, et par des paysannes violées : il était le Grand Blasphémateur, le Félon.

Le front de Salucero se releva. Une fois de plus, le ciel l'aidait en lui indiquant la voie. Dès demain il se mettrait en route et rencontrerait le bandit. De l'alliance du prêtre et du tueur viendrait la solution. Il savait pouvoir décider Cornavara à le suivre, il connaissait le chemin sinueux de la persuasion dans les cervelles obscures : l'homme aimait l'or et le sang, il saurait lui fournir l'un et l'autre.

Le lendemain matin, sur la route de Papantha, un groupe de paysans s'agenouilla au passage du grand envoyé de Rome. L'avant-garde les fit reculer de quelques mètres, et Carmelina apparut à la tête du corps de troupe. Il portait, ce matin-là, une simple cotte de mailles, et il dégagea son gantelet de fer pour laisser les fidèles embrasser, à son majeur, l'anneau consacré, symbole de sa charge. Lorsqu'il acheva de bénir les têtes penchées, il y eut un sifflement dans l'air, et une hache, décrivant un arc tendu, s'enfonça dans sa cuisse gauche, sciant l'os à demi. Le cheval se cabra, déchargeant son cavalier qui, le talon pris dans l'étrier, tournoya, emporté par la course. Déjà les paysans s'égaillaient à travers champs, sans que les lansquenets, trop lourdement chargés, puissent les poursuivre. La marée sanglante qu'était devenu Carmelina s'arrêta enfin, après la rupture d'une sangle. L'homme était réduit à une plaie que poussière et éclats de silex avaient recouverte.

Mais il vivait.

Des hommes fabriquèrent un brancard en utilisant cordes et pertuisanes, et ils transportèrent le mourant dans une clairière. Il n'eut pas une plainte au cours du transport tumultueux. Un des militaires, plus versé que les autres dans les choses de l'art et qui soignait à la fois les blessures franches et les coliques dues aux fièvres chaudes, s'approcha de lui avec un onguent.

Carmelina l'arrêta d'un regard et examina lui-même sa jambe brisée : il se donna trois jours de vie. Le sang qui s'était répandu hors de son corps avait donné à son visage une couleur blafarde. Il appela auprès de lui l'un des capitaines qu'il jugeait être le plus habile dans le maniement des hommes et des choses de la guerre, et il lui confia le commandement général de la troupe. Puis il demanda le chapelain, refusa la confession mais accepta l'extrême-onction. Il voulut que l'on place sur sa poitrine brisée le crucifix qui ne l'avait pas quitté depuis son ordination et que l'on attache dans sa main trop faible pour la maintenir la poignée de son épée florentine, sortie des forges et des ateliers de maître Parangelo. Lorsque ce fut fait, d'un geste il congédia tous ceux qui l'entouraient, à l'exception de celui à qui il venait de confier le commandement, et il lui désigna les étuis accrochés à la selle : ils contenaient les cartes de la région. Il les fit déplier et, d'un ongle déjà mort, indiqua la progression à suivre, de mission en mission. La dernière était celle de Salucero. Sa voix n'était plus qu'un murmure inaudible, jaillie d'une pâtée de lèvres écrasées et de dents brisées. Il fit signe à son interlocuteur de se pencher.

– Brûlez les récoltes et les murs, chuchota-t-il.

Le capitaine acquiesça.

— Les prêtres ? demanda-t-il. Les prêtres et les Indiens ?

Carmelina rassembla ses forces.

— Tuez-les tous, dit-il.

Lorsque le vieux soldat se releva, le blessé était mort. La guerre était commencée et devait durer trois longues années : on l'appela la guerre Rouge, la couleur des incendies, et celle du sang versé.

L e trait de plume qui termine la page correspond à une fin de chapitre. N'a-t-il pas pu ou pas voulu achever son œuvre, nous ne le saurons pas, il n'y fait allusion nulle part. On peut conclure de ce silence que l'homme ne mélangeait pas les genres, que le journal qu'il tenait par ailleurs correspondait, soit à des réflexions personnelles, soit à la relation de faits réels, mais que tout ce qui avait trait à la fiction n'y avait pas droit de cité.

Bel exemple de rigueur qui révèle l'aventurier : sa vie était suffisamment emplie de conquêtes et de combats pour n'avoir pas à écrire sur ses écrits, loin de cet égocentrisme étalagiste et, hélas, florissant dans la littérature des siècles qui suivront le sien. N'oublions pas qu'à son époque écrire n'est pas un métier, et Torrentera a dû être parfaitement conscient que raconter des histoires avec plume et papier était un passe-temps qui en valait bien un autre, mais à propos duquel il n'y avait pas lieu de se vanter.

Il est intéressant de noter combien le récit imaginaire reflète les préoccupations qui furent les siennes. Rien de bien original, me dira-t-on, il doit en être ainsi de toutes les fictions, mais on peut s'apercevoir ici combien l'aventure mexicaine a compté pour lui, puisqu'elle est le décor du roman, et on y trouve deux thèmes essentiels, celui du sexe et de l'Eglise.

Dans une des pages de son journal intime, il a rapporté l'émotion profonde qui s'est emparée de lui lors d'une étreinte amoureuse avec une Indienne inconnue que nous retrouvons dans le personnage de Taorigualpa. Faute de datation, on peut penser à une explication de facilité : cette expérience, vécue sur les bords d'un fleuve qui pourrait être le Rio Grande, et où se mêlèrent volupté et exotisme, est reparue, volontairement ou non, sous sa plume. Il y aurait une simple exploitation de souvenir. Mais on peut supposer l'inverse : ayant imaginé le plaisir sensuel que l'on pouvait éprouver avec ces femmes particulières aux charmes apparents et dorés, il a créé d'abord son personnage.

C'est à cause de l'excitation éprouvée qu'il aura

vécu cette nuit enchantée auprès de cette Indienne anonyme... une femme bien sûr, mais si différente.

Il est évident que la lecture de son journal dévoile un être tarabusté par le sexe, et sans doute la chasteté imposée par le ministère catholique lui est-elle apparue comme un interdit insupportable et tellement gratuit, si démesurément hors nature qu'il en a fait le thème de son histoire, nous dirions aujourd'hui de son scénario. Aucune trace, dans les livres, du prêtre schismatique Salucero, ni d'envoyés de Rome pour rétablir l'ordre chrétien bafoué, mais il a utilisé sa connaissance des combats contre les dissidents, de même que les méthodes de l'Inquisition. On peut aller jusqu'à prétendre que Salucero, c'est lui plus la foi démente en la Parole divine : ce mysticisme absolu, fondé sur un obscurantisme total, en fait un contre-autoportrait ; pourtant il y a, dans l'acharnement de l'homme à suivre sa voie, à fonder des règles nouvelles, à braver la sainte autorité, quelque chose qui vient de lui-même. L'auteur comme sa créature sont des rebelles, l'un et l'autre ont tenté d'instaurer une liberté bâtie sur le plaisir des corps.

Mais Salucero est une victime. L'interprétation qu'il donne de l'adjonction qui lui a été faite est celle d'un homme de son temps, né et imprégné d'une culture séculaire et élitiste, diffusée par l'Eglise. Tout, pour lui, reposera sur le fait que celle qui lui est dévolue est inhumaine : la règle est contournée sans être détruite, Taorigualpa se réduit à un corps et à un comportement sexuel, elle n'est que cela. Et nous savons que Torrentera a lutté pour la reconnaissance des droits des tribus, contre l'esclavage dans lequel elles étaient maintenues. Il a, au cours de ses luttes et de ses voyages, eu à combattre cette conception animalisante des indigènes qui est le propre des oppresseurs face à des êtres d'une race momentanément inconnue et aisément exploitable. Torrentera, romancier, ne pratique pas l'art du suspense, il dévoile quelle sera la fin des héros : prisonniers d'une guerre de trois ans, ils subiront le sort de ceux qui ont tenté d'ébranler les fondements du trône de Saint-Pierre, ils périront sur le bûcher...

Ainsi se referme le journal inachevé.

A utre facette de Torrentera : il fut aussi un dramaturge. Deux scènes (de plus, incomplètes) subsistent de ce qui a été une pièce de théâtre dont on ignore le titre. A-t-elle été jouée ? Il semblerait que l'on puisse répondre par l'affirmative car, dans les carnets, à la date du 16 juillet 1659, on trouve cette notation : « Gros succès hier soir à Ségovie. La voix d'Ariana montait dans la nuit. » Il s'agit sans doute d'Ariana Montanero, actrice et maîtresse, durant cette période, de Torrentera. Beaucoup de représentations se déroulaient alors en plein air, sur des tréteaux, et, quelquefois, dans les jardins des grands d'Espagne, au cours de fêtes nocturnes. Mais le terme « succès », s'il évoque dans le contexte de l'époque une idée de théâtre, peut posséder ici un sens particulier que nous ignorons.

Voici ces deux scènes dont il existe une seule traduction, celle de Juan Balardo qui avait bien voulu sortir de sa retraite de l'université de Mérida où il occupa durant un demi-siècle la chaire de philologie générale et qui fut un spécialiste de l'évolution des langues hispaniques, tant dans l'Ancien que dans le Nouveau Monde. Juan Balardo nous a quittés en octobre 1998.

Une remarque encore : les notations et les deux croquis réalisés dans la marge par l'auteur indiquent que la première scène se déroule dans la chambre de Dolorès, située elle-même dans le château de son époux, le comte Muria.

Théâtre

Don Vasquez. De toutes les créations maladives nées de ce pitoyable appareil que l'on nomme le cerveau, il n'en est pas de plus stupide que ce que l'on appelle l'avenir. Viens, il n'est pas d'autre instant que celui-ci.

Dolorès. Pas un flambeau, la lune est morte, seul Dieu nous voit.

Don Vasquez. Qu'Il se réjouisse ! Infini spectateur de l'humaine turpitude, prépare-Toi à assister à la danse interdite de corps que le désir enrage..

Dolorès. Sois tendre, cette nuit sera la dernière. Demain viendront les sombres cortèges des regrets et les cohortes des remords.

Don Vasquez. Les ennemis ne sont pas à craindre car ils viennent de ton âme malmenée par les prêtres. Ils ont versé en toi le fiel des puissances obscures. Sois à moi. *(Il l'entraîne vers le lit.)*

Le temps tentera d'effacer cette heure de nos mémoires mais ce qui est sera à jamais. Viens, sois l'amante et la prostituée, deviens ton corps, chasse l'âme, bannis-la de cette couche et ne sois que plaisir.

Dolorès. Oui, je ne serai pour toi que folie.

La porte s'ouvre, le comte Muria apparaît, l'épée à la main, suivi de gardes.

Muria. Regardez, l'acier des pertuisanes reflète plus de trahison que cent mille miroirs. Vivrais-je cent ans que mes yeux desséchés de vieillard conserveraient l'image que les démons de l'enfer réunis n'auraient pu rendre plus cruelle.

Te voici vaincu, Lucifer, aucune de tes créatures n'égalera en horreur le bras blanc et le sein tendre d'une femme dans les bras d'un autre que son légitime époux.

Don Vasquez. Bénis la violence de ta douleur. Elle est la preuve de la vie. Tu sais à présent que, sous le pourpoint et les marques d'honneur dont ta poitrine se pare, subsiste un cœur que tu avais oublié. La flamme du malheur l'a ranimé.

Muria. Cesse tes sarcasmes et prie le Tout-Puissant, il te faut employer de meilleure façon le peu de vie qu'il te reste.

Don Vasquez *(mettant l'épée à la main)*. Qui peut dire : « Tu mourras avant moi » ?

Muria. L'orage s'est éloigné, aucune foudre ne me frappera et la rage nourrit la force de mon bras.

Don Vasquez. Prends garde qu'il ne tremble.

Les deux hommes croisent le fer.

Dolorès *(elle se jette entre eux)*. Que ma mort scelle la tragédie !

Elle se lance sur la pointe de Muria et meurt.

Muria. Ce sang n'éteindra pas la haine qui me dévore.

Il repousse le cadavre du pied.

Don Vasquez. Hélas ! pauvre Dolorès... *(Il éclate de rire.)* Eussions-nous été des manants du village que nous nous en serions tirés avec quelques coups de bâton et autres jeux de gueule. Dolorès en maritorne eût continué à forniquer avec l'un et l'autre, et il y a gros à parier que nous en serions maintenant à boire, tous deux réconciliés, quelques barriques de vin de Valdepeñas.

MURIA. Ne respectes-tu rien ?

DON VASQUEZ. En montant les marches qui conduisent au pouvoir, nous avons écrasé sous nos bottes le rire du pardon, nous avons logé le drame dans nos esprits et dans nos couches, et chassé l'essence même de la vie qui est hasard, absurdité et comédie. C'est là notre seule trinité, tu le sais, Muria... Mais le sang a séché dans tes veines où ne coule plus que le jus empoisonné des vanités et des prétentions. Tu as choisi la scène de ton théâtre et ton rôle t'enferme dans la mort.

Ils se battent.

MURIA. Va rejoindre les enfers.

DON VASQUEZ. Il n'est pas d'enfer. Il n'est que le néant.

MURIA. Pas de Dieu non plus ?

DON VASQUEZ. Il est le produit dégénéré de rapaces prétentieux vêtus de la pourpre des rois et de l'or des banquiers.

Il désarme Muria : celui-ci recule.

Don Vasquez. Dois-je te tuer ou te laisser la vie ? La question m'amuse et m'indiffère à la fois. Tout se vaut et rien ne se vaut, je suis le prince d'équivalence. Pourquoi te laisserais-je errer encore sur cette planète alors que tu es si bête ? Et quel sens cela aurait-il d'assassiner un imbécile comme toi ?
Muria. Emparez-vous de lui.

Les gardes entourent Don Vasquez et le désarment.

Muria. Tu es le diable !
Don Vasquez. Non, un homme, le premier et le dernier.

Fin de la scène

Scène suivante

Une oubliette dans le château du comte Muria. Le jour parvient à peine par une ouverture étroite.
Vasquez est en haillons, sa barbe a poussé.

Don Vasquez. Jamais aucun matin ne fut aussi peuplé d'alouettes, leur chant a salué l'aube et sa grise clarté.

Les collines s'étendent jusqu'aux crêtes neigeuses de la sierra Morena et j'ai marché toute la nuit sans les atteindre, pas une étoile qui ne m'ait donné sa clarté... Orion à la verticale. Aldébaran m'a guidé, elle s'est reflétée dans le gué des rivières traversées. Qui a pu prétendre m'avoir emprisonné ?... Pauvre Muria, triste cocu d'une Espagne de suie et de funèbres tentures, cloporte de couloirs où traînent les brocarts nocturnes des seigneurs de l'Escurial...

La lueur qui venait d'occident s'est éteinte, c'était une danse de couleur de joie mais vous n'en avez retiré que les pierres... Elles ont perdu leurs éclats au long des océans dans le ventre des caravelles pour venir mourir dans les coffres des ministres, vous avez négligé le parfum des palmes des rivages de Tobago et le chatoiement des plumes bariolées des oiseaux de la Nouvelle-Grenade et eux seuls auraient pu vous sauver.

Combien de jours ont-ils passé ? Depuis combien de temps dure le combat ? Trois jours, dix ans, je ne sais pas, peu importe. Mais qui vient en ces lieux désertés ?

Bruit de ferrures. Entre un moine.

DON VASQUEZ. Qui es-tu ? Ne crois pas que cette robe me trompe, dégaine le poignard que tu dissimules et accomplis ton ouvrage.

MOINE. Je ne suis pas venu pour un travail de mort.

DON VASQUEZ. Quel que soit ton rôle, joue-le jusqu'au bout et n'abuse pas de ma patience. Qui es-tu ?

MOINE. Peu importe. Écoute-moi : l'Espagne meurt.

DON VASQUEZ. Il en va des nations comme de toute chose, si c'est cela ta nouvelle, va-t'en, elle m'indiffère.

MOINE. Après le Portugal et l'abjection du traité de Westphalie, la France annexe nos provinces d'outre-Pyrénées. L'Infante épouse Louis le quatorzième. Bientôt, ma patrie et la tienne ne seront plus que quelques onces de poussière tenant dans le creux de nos mains.

DON VASQUEZ. Que veux-tu ?

MOINE. Muria a trahi, comme Lerma, Olivares et les autres, il vend le pays comme un juif de Saragosse.

DON VASQUEZ. Pourquoi me dis-tu tout cela ?

Moine. Tu as froid. Ces murs ruissellent d'humidité. Prends ce manteau.

Il lui jette la bure qui le recouvre et apparaît avec les insignes de sa charge.

Don Vasquez. Tu es Philippe !
Moine. Je suis le Roi.

Don Vasquez se lève.

Moine. Aide-moi. Sois l'homme de la Reconquête. Des fidèles nous attendent à Madrid. Des chevaux piaffent dans la cour.
Don Vasquez. Je les crèverai sous moi.

Ils sortent tous deux.

V oici à présent ce que l'on pourrait appeler les textes inclassables, ils ne sont pas du ressort du journal, puisqu'ils ne révèlent rien des événements qui traversent la vie de notre héros, ce sont des réflexions dépareillées sur les mœurs du temps. On serait tenté d'écrire, si cela ne sentait pas son anachronisme, qu'il y a dans ces lignes une volonté sociologique pas encore encombrée d'un sérieux que les différentes écoles, à coloration pseudo-scientifique, lui conféreront. Nous sommes évidemment, et peut-on ajouter – Dieu merci –, bien loin de Durkheim, de Mauss pour ne citer que les Français, et bizarrement certains passages qui vont suivre seront plus près de Barthes et de la réjouissante et intelligente fantaisie de ses *Mythologies* que des pesantes et indigestes, et par le fait moins profondes analyses qui les suivront.

A quel sentiment obéissait Torrentera en les écrivant ? Difficile à discerner. Plus qu'un autre, il a eu le sentiment, aujourd'hui quasi universellement admis, que tout passe, et par là, que tout est mode, les costumes comme les idées, que la notion même de progrès comporte un piège, puisque tout progrès n'est que le progrès d'un progrès, que chacun d'eux n'est donc qu'un moment passager du développement d'une vérité hypothétique, ne marchant même pas vers une fin définitive. Jamais peut-être autant que dans ces pages qui ne le concernent pas directement, Torrentera n'est plus moderne. Il a compris que son époque possédait plus de vérité que celle qui la précédait, mais moins que celle qui allait suivre, c'est en quoi il est l'homme d'un modernisme naissant. Il a également montré, s'il en était besoin, que, dans le domaine des mœurs, rien ne subsiste, et que l'aventure humaine, avec ralentissements, accélérations, tournoiements, arrêts et redémarrages, ne possède aucun sens, ce qui est à la fois sa malédiction et la condition indispensable au déploiement de son libre arbitre.

La fraise

Elle est d'Espagne avant tout.

Curieuse pièce de vêtement qui m'a toujours surpris par son double rôle : elle isole et elle présente.

Elle est altière et quasi dédaigneuse, elle sépare puisqu'elle est roue autour du col et parfois d'une notable circonférence.

J'ai souvent pensé à la déconvenue de l'enfant cherchant de ses lèvres la joue paternelle ou maternelle : impossible pour lui de la toucher, éloignée qu'elle est par tant de tuyauteries et d'amidon. Une autre image me vient, celle d'amants : ils en sont à leur premier baiser, il la prend dans ses bras, il se penche et l'obstacle est double... soudain ils se voulaient bouche à bouche, les voici fraise à fraise, il y a là grand motif à déception... Les inventions de ce genre obéissent sans doute à des desseins obscurs que les inventeurs ne mesurent qu'à peine ou pas du tout.

J'en ai porté en adolescence, et en ai retenu

l'impression que mon être se répartissait en deux parties : en bas, torse et membres, velours et sombre taffetas, et puis au-dessus, séparée, ma tête au cœur de la corolle de dentelle... Invention d'une époque et d'un monde qui privilégient le visage aux dépens du corps. Je me souviens de ma gêne de jeune garçon : regardez par-dessus le linon empesé, je vous fais l'offrande de ma tête, pour vous je la rehausse, je l'expose, je la mets en valeur, je vous l'offre, c'est le sommet de moi-même, le tableau dans son cadre.

En même temps qu'elle opère cette avancée, la fraise recule le contact car elle impose un maintien du buste comme une raideur du menton : au centre de ce carcan de toile, il ne peut y avoir de laisser-aller, même s'ils sont doubles les mentons se tendent avec hauteur, il faut pour cela crisper les lèvres qui prennent, dans cet effort, un pli revêche... Dans la grande galerie des portraits de Buen Retiro, tous ou presque ont cette morgue, ce dédain, on pourrait croire que les artistes ont choisi leurs modèles pour une tendance commune à faire grimace à la vie, point du tout, ce sont là effets de la fraise.

Il y en eut de sèches, étroites et surélevées comme pile d'assiettes, il y en eut de larges et ondulantes où les faces semblaient fleurs de nénuphar au milieu de feuilles pâlies, mais qu'elles soient de l'une ou l'autre sorte, de dentelle de Bruges ou de toile plus grossière, elles expriment, en les renforçant, les deux tendances de l'humaine nature : l'avance et le retrait, se donner et se reprendre... Elles sont les barricades fragiles de l'apparence, ridicules bannières initiatrices d'un rang qui suppose le maintien. Qu'elles fussent godronnées ou à tuyaux d'orgues, à la languette ou à l'espagnole, fermée ou dite « à la blonde », qui aurait envie de sourire au-dessus de ce collet plissé ? Jugera-t-on que les grands de ce siècle vivaient de grandes tragédies ? Nous trouvera-t-on lugubres ? Il est possible que cela soit mais, de grâce, n'oubliez pas au-dessus de quoi nous avons dû regarder le monde, nos regards eux-mêmes en furent marqués, puisque nos têtes coupées ont dû vivre seules, loin du corps qui aurait dû les accompagner, et qu'elles se sont trouvées dressées au centre d'une assiette, comme tête de veau en grand festin.

Vélasquez les laissait peindre par ses élèves, il en avait visiblement horreur, et il expliquait que, quelle que soit la beauté du modèle, le talent du peintre à faire exprimer à une bouche, à des prunelles, la joie, la tendresse, l'amour, la générosité, la douceur, la compréhension et tout sentiment exprimant une belle âme, il suffisait que l'on nouât autour du cou ce maudit cercle aux plis symétriques, pour que la sainte et la mécréante se mettent à se ressembler, que le capon prenne un air bravache, Condé un regard fuyant, et que personne ne puisse plus distinguer un grand d'Espagne d'un bourgeois de Louvain.

Voici d'ailleurs le dernier avantage du phénomène : il confère l'uniformité. Un jour, nous nous apercevrons que nous avons été grotesques, mais n'en est-il pas ainsi de bien des choses...

La moustache

Difficile de savoir pourquoi elle subsiste, seule de la forêt qui envahit la face masculine. Peut-être peut-on avancer l'idée qu'elle est, avec le port de la culotte, l'unique marque extérieure du masculin : la preuve absolue, visible et palpable que celui qui s'avance n'est pas une femme. Quant au reste de la pilosité, il appartient à la bête, son absence est donc le signe de notre non-animalité. Le bouc, barbe partielle, travaillée, parfumée, impose l'idée de la domestication, de l'art : c'est une façon de se peindre, de cacher aussi une faiblesse, menton rentré, mâchoire mal dessinée, lèvres lippues, etc.

La moustache est un signe encore plus particulier, qui ne sépare pas l'homme de l'animal, mais la virilité de la féminité. C'est du moins ce que croient la plupart d'entre nous. Je n'en porte pas, par une coquetterie supplémentaire, par un souci de différence d'avec mes congénères, mais la raison en est surtout amoureuse : quelques femmes m'ont assuré avoir apprécié son absence, la douceur de la peau fraîchement rasée au-dessus de la lèvre supérieure leur est apparue comme un îlot heureusement débroussaillé, un velouté d'elles inconnu, qui les ravissait et les changeait de la rudesse du poil, même tempérée par l'huile des pommades.

On peut, de ce point de vue, diviser le beau sexe en deux catégories, celles qui apprécient la pilosité conquérante et celles pour qui le contact d'une peau nue possède des charmes sans pareil, nudité non naturelle, nudité rendue plus grande encore par l'usage du fer qui, passant et repassant, fait de cet intervalle qui sépare le nez de l'orifice buccal un rectangle fragile, marque de l'amant attentif, puisque rasé au plus près.

Carlos de Almenda en changeait souvent la forme, il taillait en relevant les bords, modifiait l'épaisseur. Je le soupçonnais de passer, devant son miroir, de longs moments de méditation, il trahissait par là même une insatisfaction quant à l'apparence de ses traits, espérant rattraper par la finesse du dessin pileux la rudesse épaisse de l'ensemble... Nous en parlions, certains soirs de confidences, mais il était plus en verve lorsqu'il me contait ses ébats avec la comtesse de E.

que lorsqu'il lui fallait expliquer le pourquoi des indications tatillonnes à son barbier : ce dernier n'arrivait jamais à le satisfaire entièrement, il s'ensuivait d'homériques colères mêlées de jets de savon et de poudre, lancés à travers la pièce. Je l'ai vu poursuivre le malheureux, l'épée à la main, jusque dans les jardins de son palais d'Estrémadure. Il restait persuadé, après des années de tentatives, qu'il existait une moustache idéale qui le rendrait d'une beauté parfaite, effacerait le nez qu'il portait camus et allongerait la bouche qu'il avait étroite. Il riait de mes sarcasmes mais n'a jamais pu s'en moquer totalement. Galant homme et de grande intelligence, il aurait, je suis prêt à le parier, abandonné quelques quartiers de noblesse et plusieurs tours de son castel pour obtenir la coupe idéale le rendant acceptable à ses propres yeux.

Caterina, un soir, dans le moment où je devais m'embarquer à Moguer, s'était déguisée et avait orné sa lèvre d'une moustache taillée dans un velours noir, pour venir me rejoindre. Personne n'aurait pu, malgré cet élément, la prendre pour un homme, des joues trop rondes, des narines trop délicates... c'était la preuve qu'un élément surajouté ne modifie pas un ensemble. Même dotée de cet artifice, Caterina restait ce qu'elle était, une poupée faite pour la Cour et les alcôves.

Il faut bien en conclure qu'avec ou sans, le masculin reste le masculin, et que la moustache est souvent la preuve que celui qui la porte n'est en rien assuré de sa virilité. Il lui faut l'étaler, la brandir, tel un étendard : regardez-moi, semble-t-il dire, voyez comme je ne suis pas une femme... Il y a là l'aveu d'une faiblesse, mais tout peut changer, un courant peut passer, venant de Madrid ou d'ailleurs, et qui pourrait dire quel sera notre visage de demain ?

Tabac

J'aime l'herbe de la Reine.

La bonne Médicis en aspirait la poudre pour guérir ses maux de tête, elle n'en fut pas soulagée pour autant, mais j'aurais souhaité pour elle qu'elle en eût découvert l'autre usage, celui du plaisir.

Là-bas, j'ai partagé souvent avec quelques Indiens les lianes serrées des feuilles enflammées, le parfum me suit encore.

Le commerce en était fructueux, les ballots, entassés sur des barcasses, franchissaient les bras de mer, ils venaient d'îles proches, telle Tobago qui lui donna son nom. C'était pour eux l'herbe enchantée, brûlante et douce ; je revois les tiges immenses, les plants hauts comme des arbres qui recouvraient les collines. Il fut interdit aux hommes de Colomb d'y toucher, mais l'ordre ne put être exécuté, la tentation était trop forte.

Souvent je me suis demandé à quoi correspondait cette joie que nous en tirions, il n'y avait pas que le goût odorant de la fumée qui envahissait bouches, narines et poumons, il existait autre chose. Je pense que la plante consumée avait, non pas des vertus curatives, mais une sorte de pouvoir d'endormissement, elle possédait sur nos âmes une action qui dépassait l'apaisement, nous entraînait vers la rêverie, non pas le songe amer des soldats en campagne, soucieux du pays, de leur famille, de leurs récoltes, mais une vision adoucie du présent et du futur : merveilleux végétal que nos souffles faisaient disparaître pour, dans le même temps, nous illuminer d'une paisible lueur...

J'ai vu de redoutables soudards, sergents de toutes les guerres, hauts en gueule, et de rude commerce, poser le masque, et il me semblait voir monter lentement en eux l'enfant d'autrefois, celui qu'ils avaient été. Il y avait là comme une magie, un élargissement des horizons dans un repos grésillant et pacifié.

Louis le Treizième du nom, roi de France, proscrivit l'herbe douce et Urbain VIII excommunia ceux qui en faisaient usage. Voilà bien la sotte intransigeance d'un prince de sang, et qu'attendre d'autre d'un pape, sinon la condamnation d'une joie humaine, puisque l'on sait que vie et douleur se confondent... Voici de quoi se tourner vers Satan et ses œuvres, qui ne doit pas manquer d'allumer sa pipe aux brasiers infernaux, en bon diable qu'il est.

Avec la fumée viennent les consolations, les méditations, un calme s'installe en l'humaine nature. Les Indiens le savent qui en ont fait cérémonie. Souvent je me suis mêlé à eux, et nos silences formaient une entente que rien ne semblait vouloir briser.

J'ai, par la suite, usé du tabac, et plus spécialement au cours des moments difficiles de ma vie. Il possède la vertu de l'oubli et j'ai fumé plusieurs pipes certains soirs où j'avais tué des hommes et où j'aurais dû m'abstenir. Ainsi, le jour où, défié par un petit chevau-léger de dix-huit ans, je lui passai un coup de rapière au travers du corps, alors qu'étudiant appliqué des écrits de Carranza il dansait devant moi en feu follet : il respectait les figures, jarret tendu comme en un opéra, il bondissait comme une ballerine dans un nid de guêpes, un enfant essoufflé, mort en un éclair pour le regard d'une ribaude dont il ne savait pas le nom, et que je lui aurais laissée avec joie.

La soirée est belle à Albacete, je remonterai du cabaret en allumant le fourneau de porcelaine où mijote le trésor végétal des Indes occidentales.

Aztèques

Ils furent aussi stupides que nous : ils eurent des papes et des rois.

Comme eux, nous disparaîtrons.

Leurs fils m'ont montré les statues de leurs dieux, j'en ai oublié et leurs noms, et leur nombre. Chaque temple en contenait des centaines. Comment un homme peut-il adorer tant de divinités qui ne devaient pas être d'accord entre elles, et qui, chacune, demandait sa ration de sang humain ?

Pauvre peuple qui aurait pu, sans ce poids terrible suspendu sur chaque tête, dominer l'immensité des terres ! Ils écrivaient, peignaient, sonnaient dans des trompes, cultivaient la terre, tissaient la toile, les artisans taillaient la pierre, les métaux. Un jour, ils seraient venus jusqu'à nous sur leurs vaisseaux. Aujourd'hui, ils meurent dans les mines et ont abjuré le panthéon qui fut le leur au profit d'un dieu unique qui ne peut que les surprendre par sa forme trop étrange : comment se prosterner devant un homme mort, après avoir craint des tigres ailés et des chimères de lumière aux griffes de cauchemar ?

Bien du travail pour jésuites et franciscains, grands spécialistes de chasseurs de démons, en moins d'un siècle ils auront réussi à étouffer ce qui fait la vie des hommes : la création. Les Indiens ne sont plus aujourd'hui que des ustensiles, des outils, asservis sous le joug des marchands et des gouverneurs, bras armés de la Couronne.

Leurs empereurs ne surent pas les défendre, mais que peut un homme seul lorsqu'il possède tous les pouvoirs ? Peut-il exister d'autre système politique que celui-là ? Rome, un temps, en essaya un autre, la République. C'est peut-être là la solution. Un Conseil de sages ? Mais qui n'a pas vu des hommes chercher une solution capable de les satisfaire tous ignore ce que sont la haine et le conflit... Il ne peut sortir de tels affrontements que des solutions bâtardes, des compromis où surnagent les intérêts et les influences de chacun : de quoi regretter un Charles Quint ou un César. Combien de despotes éclairés un siècle peut-il fournir ? Philippe avait appris le métier de roi, qu'a-t-il retenu des leçons ? Elles se sont affrontées à la luxure, aux vins épais, aux jeux puérils. Qui n'obéira qu'à l'intérêt de tous et ne recherchera que le bien-être de chacun ? Qui saura partager les richesses et imposer un ordre de raison, loin des passions et de leurs folies ? Ecrasés par l'impôt, les paysans, un jour, quitteront les terres, et les révoltes grandiront dans tous les royaumes d'Europe, il n'est pas besoin, pour le savoir, d'étudier les entrailles des volailles, ou de fixer l'ordre changeant des constellations pour lire l'avenir dans les étoiles.

Leurs palais sont des ruines et s'enfonceront encore davantage, ils sombreront dans l'oubli comme disparaîtront nos églises et nos cathédrales, le jeu consiste à savoir qui viendra construire sur nos tombes. Quelle civilisation sera invincible ? Aucune sans doute, l'humanité ira d'imperfections en folies, et chacune de ses étapes portera sa propre mort en son sein. Nous n'avons donc aucune justification au mépris qui est le nôtre envers ceux que nous avons vaincus.

Demain nous serons, puisque nous en donnons l'exemple, les esclaves de nos vainqueurs. D'où viendront-ils ? De France ou du Soleil ? Leurs chars descendront des nuages. S'ils possèdent un visage semblable au nôtre, leurs yeux exprimeront la bonté qui est la conséquence de la Raison, et ils sauront, par leur seul regard, rendre l'humanité estimable, elle qui le fut si peu.

Aujourd'hui, dans les sentes malodorantes de ce qui fut Mexico la Superbe, les descendants des rois du monde, intronisés par le Soleil lui-même, tendent leurs mains tremblantes vers leurs conquérants ; le temps des pontifes, écrasés sous leurs robes d'or, est passé. Rien ne demeure, l'éternité n'est que l'invention des puissants. Tous nos jours sont comptés.

Rien ne subsiste, sinon les femmes et le désir qu'elles apportent. C'est peut-être là que se trouve la preuve sur laquelle se bâtira le monde durable. Mais qui osera élever sur le phallus un ordre de paix et d'équité ? Où sont nos assises ? Où sont cachés les fondements de la cité imperméable aux temps destructeurs, toujours triomphants ?

Voici que la course s'achève. Francisco fuit, il n'est pas certain qu'il se cache, il a dissimulé ce qu'il a pu sauver, il faut à présent affronter le danger qu'il sait être mortel. Il en serait encore plus persuadé s'il était au courant de la fameuse lettre adressée à l'épouse de Philippe IV, en ce début de 1662, qui sera la dernière année de la vie de notre personnage, et que nous mentionnions dans l'avant-propos.

La voici :

Votre Majesté,

Je n'ignore rien des projets par vous tissés pour votre jeune nièce, et en ces heures contrecarrés. Je vous sais gré de faire appel à mon appui, et je ne faillirai pas à l'amitié que je vous porte, d'autant qu'elle est en accord avec les intérêts suprêmes que je représente.

Ordres ont été donnés pour écarter tout obstacle de vos louables desseins.

Je vous bénis.

F. C.

Ce message renferme sans doute l'arrêt de mort de Francisco Torrentera : les chiens sont lâchés, et ils frapperont à Madrid la même année.

A partir de l'assassinat, le silence s'installe, il ne sera jamais levé. On peut, aujourd'hui, se poser la question : quelle monnaie d'échange le souverain pontife exigea-t-il de la reine d'Espagne, veuve trois ans plus tard ?

Je relis ces pages et une insatisfaction profonde s'empare de moi. Je sens le personnage plus riche que je n'ai pu le traduire. En proie à toutes les passions humaines auxquelles il a goûté avec gourmandise, il a secoué les idoles de son temps, les idées reçues, les théories figées, les idéologies sclérosées. Entre deux femmes, entre deux duels, il a rêvé de liberté, de justice, pour le Nouveau Monde comme pour l'Ancien... Il a tâté de tous les arts, conscient des limites que lui imposait son temps ; ses réflexions sur la musique, sur la peinture, sont celles d'un génie précurseur qui a senti vers quoi pouvait se diriger le devenir humain.

On l'aura noté, plus que tout autre chose, Torrentera est un insatiable poseur de questions. On le remarquera surtout dans ce récit de son enfance où, poursuivant un goret, il essuiera la semonce paternelle. Histoire banale dont il tirera deux questions fondamentales auxquelles pédagogues, psychologues, et psychopédagogues, sans oublier les pédiatres, n'ont toujours pas répondu : quelle est la part de l'éducation dans le devenir de l'individu ? et de là, en découlant : quelle est la meilleure des éducations ?

On remarquera ici que, bizarrement, c'est Bartolomé Torrentera qui fournit une solution : dans la relation éducative père-fils, aucun des éléments n'est à sacrifier, et ce qui est le plus naturel pour l'un risque de devenir le meilleur pour l'autre. Après les tonnes de littérature déversées sur le sujet, plusieurs siècles plus tard, il nous apparaît aujourd'hui certain que le jeune Francisco, qui n'a pas, à l'époque, beaucoup plus de vingt ans, a mis le doigt sur un problème qui envahira les siècles à venir, de Rousseau aux psychanalystes post-freudiens.

J'ai aimé chez lui, également, la façon dont, sous

l'apparence, sous le fait social, le phénomène de mode, il tentait de trouver une explication plus profonde, même s'il se perd parfois dans les conjectures, et se laisse aller à son tempérament enjoué, en contradiction avec sa soif explicative. Pourquoi la fraise devient-elle l'uniforme de l'aristocratie et de la grande bourgeoisie qui la singe ? Il n'est pas question, pour Francisco, de se contenter de dire qu'il y a là caprice de couturiers, il sait d'instinct que ce qui dure, en vêtement comme en d'autres choses, repose sur des raisons qui satisfont un domaine qu'il ne saurait encore appeler l'inconscient, mais qu'il cerne assez bien lorsqu'il parle de ce double désir ambivalent : exposer et séparer, exhiber et éloigner... cette ambivalence peut s'appliquer à d'autres domaines.

Il y a lieu de penser, après avoir lu ses remarques où il est question de musique, combien il fut précurseur en cette matière. Il a très bien compris que l'instrument musical était à l'évidence ce qui permettait la musique, mais dans le même temps l'interdisait ou, tout au moins, la limitait. C'est la théorie de l'organe-obstacle : je vois avec l'œil mais je ne vois pas tout, la vision ne peut exister que partielle. Sans doute Torrentera a-t-il rêvé de manier les sonorités des cordes et des vents composant l'orchestre de son temps avec les sonorités du monde, et d'abord celles de la nature, cette nature dont il a aimé la démesure, lors de ses moments d'Amérique.

Homme d'aventure, de sensations effrénées, voici que, le livre achevé, le personnage prend la pose.

Je l'imagine, dans un soir languissant du Mexique, loin du bivouac où ses hommes s'endorment. Il fume la pipe qu'il aime, son épée est à ses côtés, il écrit quelques pensées, quelques poèmes, il porte au cœur une femme lointaine, M. sans doute, et ses sens s'éveillent, tandis que ses yeux fixent le soleil mourant qui s'enfonce de l'autre côté du monde. Il pense aux dieux de Tenochtitlán, au Christ de la chapelle de son enfance sur les rives de la Segre, et il se demande pourquoi ses semblables ont créé tant d'êtres surnaturels pour en devenir les adorateurs. Les aigles s'envolent vers les montagnes et la brise du soir se lève, Francisco s'endort. Plus rien ne bouge.

Un cavalier est passé qui s'appelait Torrentera.

REMERCIEMENTS

Ils vont à Gérard Bouté qui a su être, avec une amicale et insistante persévérance, l'instigateur de ces pages, en même temps que le grand ordonnancier d'une exposition consacrée au héros de ce livre.

Je n'oublie pas Roger Mathé et Eric Ligeon qui m'ont offert, avec générosité et gentillesse, l'opportunité de consulter des documents me permettant de me plonger dans cette Espagne du XVII° siècle.

Merci à Michel Clainchy, compagnon fidèle de cette aventure, et à tous ceux qui m'ont accompagné, en particulier Marie-Pierre Laboulandine.

P. C.

Du même auteur

Aux Éditions Albin Michel

LAURA BRAMS
HAUTE-PIERRE
POVCHÉRI
WERTHER, CE SOIR
RUE DES BONS-ENFANTS
(prix des Maisons de la Presse 1990)
BELLES GALÈRES
MENTEUR
TOUT CE QUE JOSEPH ÉCRIVIT CETTE ANNÉE-LÀ
VILLA VANILLE
PRÉSIDENTE
THÉÂTRE DANS LA NUIT
PYTHAGORE, JE T'ADORE

Chez d'autres éditeurs

L'AMOUR AVEUGLE
MONSIEUR PAPA
(porté à l'écran)
$E = MC^2$ MON AMOUR
(porté à l'écran sous le titre « I love you, je t'aime »)
POURQUOI PAS NOUS ?
(porté à l'écran)
HUIT JOURS EN ÉTÉ
C'ÉTAIT LE PÉROU
NOUS ALLONS VERS LES BEAUX JOURS
DANS LES BRAS DU VENT

La composition de cet ouvrage
a été réalisée par
I.G.S. - Charente Photogravure à L'Isle-d'Espagnac,
l'impression et le brochage ont été effectués
sur presse Cameron
dans les ateliers de **Bussière Camedan Imprimeries**
à Saint-Amand-Montrond (Cher),
pour le compte des Éditions Albin Michel.

Achevé d'imprimer en mars 2000.
N° d'édition : 18926. N° d'impression : 001227/4.
Dépôt légal : avril 2000.